日本の常識はウソだらけ！

誰も教えてくれなかった世の中の真実15

株式会社 日本一代表取締役社長
男塾塾長
桜 大志

the mediasion
ザメディアジョン

まえがき

前著『男塾』同様、今回も多ジャンルにわたる内容に言及する本となった。タイトル通り我が国には「誰も教えてくれなかった世の中の真実」が溢れかえっており、多くの日本人は知らず知らずのうちに社会による洗脳を受けている。

その洗脳とは、政治、経済、医学、近現代史、古代史、霊界、経営等々、あらゆる分野の中に存在する。その結果、素直に世界を見ていると思いながら、実は色眼鏡をかけて世の中を見ていることになってしまっている。その「偏見」が自らの判断を誤らせることに繋がり、不幸を招来している。

しかし「誰も教えてくれなかった世の中の真実」を知れば、まさしく目からウロコで、「自由」の翼を手に入れることが出来る。私は人生途上で浮かんでくる疑問を解決すべく、「真実」の探求者となり、自分なりの答えを発見してきた。その結果、掴んだ「真実」により「自由」を獲得すると共に、「認識力」を向上させることも出来た。その真実を発表する言論機関として「男塾」を立ち上げ、現在進行形で活動を続けている。

世界を解することは、オギャーと生まれた人間に対して、すべからく共通の命題として神から与えられている。

「善とは何か」、「悪とは何か」、「正義とは何か」、「愛とは何か」、「人間はどこから来てどこへ行くのか」、「死んだらどうなるのか」、「あの世は本当にあるのか」、「人は何故病気になるのか」、「確実に成功する法則はあるのか」、「人間はどうしたら悟ることが出来るのか」、等々、その答えを「知る」ことが人生の旅の目的でもある。

教育は知恵の継承のためにあり、先人が掴んだ真実を学び、その知恵を土台として一層の高みに到達することが、人類の発展と幸福であり、文明の進化レベルを飛躍的に向上させることになる。だが外国との戦争に敗れ、一時期、占領されることによって、知恵の継承が分断されるばかりか、戦勝国が意図的に間違った歴史観や常識を敗戦国の国民に植え付けることもあれば、文明の進展が禍となり科学万能主義に陥り、古代から当然とされていた常識（真実）が否定され、唯物論教育が為され、ウソが蔓延することもある。その結果、人間にとって最も大切な「真実」は見事に覆われてしまい、非常識が常識と成り果ててしまう事態が起きる。まさしく今の日本は、残念ながらそのような状態に陥ってしまっている。それを訴えんがために本書の副タイトルに、「日本の常識はウソだらけ！」を選んだ。

隠された真実を明かした本書は、ごく普通に、ごく真面目に生きてきた日本人の常識と真正面からぶつかるはずである。私は本書で、世界中に蔓延したコロナ禍の原因と理由を明かした。終末期医療における現代医学の闇に切り込み間違いをただした。日本人が無前提に恐れる放射線の真実を示した。戦後蔓延した自虐史観をただし、真実の大東亜戦争史観を提示した。失われた20年の原因を増税と喝破し、税制の完全な失敗を指摘した。そして、歴史ミステリーである日ユ同祖論を調べに調べ、日本人のルーツを突き止めた。更に、私の40年間の研究により、死後の世界は１００％あるという真実を掴んだが、その真実を知ってもらうべく、現代人の知性理性という鎧を兜割し、霊界に誘うための世界的研究材料を多分に示した。

本書で題材にしたすべてのテーマは、日本人全員が知るべき「真実」であり、その「真実」を伝えんがために渾身の思いで綴った。本書を読破するならば、あなたの誤った常識は音をたてて崩れ、真実が眼前に現れていることだろう。真実を知ることにより、あなたの認識力は向上し、「自由」の範囲が拡大すると共に、日本人として生まれた誇りと自信を取り戻していることだろう。それが私の願いでもあり、本書の目的でもある。そう！「真実は汝を自由にし、汝を幸福にする」のである。本書があなたの人生の旅路の一つの目的でもある、「この世を解する」ための一書になれば、それに勝る幸せはない。

第1章
誰も教えてくれなかった「新型コロナウイルス」の真実

第4章

誰も教えてくれなかった「政治・経済」の真実

第1章

誰も教えてくれなかった

「新型コロナウイルス」の真実

真実

01 世界的コロナウイルス蔓延は始まりにしか過ぎない

コロナ禍の本当の意味

コロナ後の世界を論ずる書き物も散見されるようになっているが、とてもそれどころではなく、今からコロナの感染拡大が本格化してくるのだから、コロナ後を語るのは早計だろう。世界はまだコロナ禍を過小評価している。

新型コロナウイルスによって人類が滅びるようなことはないが、コロナ禍はこれから起きる複合的災禍への入口にしか過ぎない。底なし沼は、底が見えないから底なし沼である。コロナは底なし沼に続く道になるかもしれない。

現に三菱自動車も日産自動車もＪＡＬもＡＮＡも吉野家もその他大手企業も、コロナ禍による業績悪化は留まることを知らず、桁違いの赤字経営に陥ってしまっている。そのような時に第2波は来た。

想像力を働かせれば、この先何が待っているかを予測することはたいして難しくないだろう。コロナ禍によって近代経済原理が危機に瀕しているということであり、それは日本だけではなく世界中同じ状態だ。

全世界の新型コロナウイルス蔓延による近代経済原理の破壊は、ウイルスの感染という禍を超える。経済の破壊はボディブローのように徐々に、そして確実に効いてくる。

コロナウイルスに感染することは誰しも願い下げだろうが、生活の糧がなくなることはもっと現実的な問題となり、各家庭に襲い掛かる。経済がチンプンカンプンな為政者や感染学者の指示に従い、不要不急の外出を控えるということは、消費活動を控えるということであるが、それがどういう結果をもたらし、最終的には個人の生活にどう返ってくるか、多くの人々は理解出来ていないようだ。

全国民が自己防衛をしたら、それは自己防衛になることなく、全国民が互いに攻撃しあっていることになる。そこに勝者は存在しない。コロナ禍、コロナ禍というが、本当のコロナによる禍はそこにあるのだ。

本原稿を執筆している２０２０年7月後半には、東京での感染者数が一日３００人台に突入し、大阪でも名古屋でも過去最多を記録するようになった。日本全体では一日１５００人の感染者が確認されるように。予測通り第2波が襲来した感がある。

コロナの世界的流行が始まる前の中国武漢で感染が拡大していた1月後半に、「コロナはすぐに終息せず長期化する。もうコロナ蔓延以前の世界に戻ることはない。これで世界は変わってしまう」とお伝えしたが、それには根拠があった。

それはコロナ禍の正体が、米中貿易戦争で敗北し、香港・台湾の抑圧に大失敗したことで傾きかけている政権を今後も維持するために、米国を始めとする人類全体に仕掛けた、習近平の起死回生の無差別攻撃だったからである。

世界中が不意打ちをくらい、当時は何が起こったのか理解出来なったが、平和ボケの日本を除く米国やG７諸国では、習近平が共産党ウイルスを使って世界戦争を始めたと考えるのが常識化している。習近平の狗と化しているテドロス率いる世界保健機関（WHO）

が発表するように、COVID-19が自然発生的な疫病というのは真っ赤な嘘で、「中国が開発した共産党ウイルスを意図的に世界にまいて戦争を仕掛けた」というのが真実であるならば、コロナ・パンデミックが仮に数年かけて終息したとしても、元の世界の枠組みに戻ることはない。

21世紀初頭に生きる我々は、地球規模の転換期に生きていることになる。

ノストラダムス世代の勘

「ノストラダムス世代」と呼ばれている我々の世代は、若い時に終末思想に触れている。五島勉氏の『ノストラダムスの大予言』(祥伝社)を読んだのは中学2年、14歳の時だった。

ノストラダムスは決して「1999年7月に人類は滅亡する」などと書いていないが、そのキャッチのほうが衝撃的で本が売れるので、「20世紀末で人類は滅亡する」と宣伝され一大ブームを起こし、映画まで製作された。

予言の時期は外れ、人類は滅亡していないが、私はこの予言は「嘘」だったと思ったことは一度もない。それは予言・予知というものは、時間の特定が難しいことを知っているからだ。予言が「はずれる」こともよくあることだが、予言が「ずれる」ということもよくあることだ。

コロナウイルスの世界的蔓延を機縁として、パンドラの箱を開けたが如く禍は続くのではなかろうか……。今後、次の5つの禍が起きることは、すでに予見される。

- コロナの世界的蔓延による大量の死者の発生
- 人とモノの往来の自由が抑制されることによる、経済停滞が引き金となる世界恐慌の可能性
- 疫病と世界恐慌と、さらにセットで訪れる食糧危機
- 中国の大洪水を象徴とする世界各地で起きている相次ぐ異常気象、天変地異
- 中国の異常な軍拡と世界覇権を狙う野心を発端とする、米中冷戦の開始とその延長線上に予測される第三次世界大戦勃発の可能性

ノストラダムスが予言した1999年を通り越し、21世紀が訪れても地球的危機は増すばかりで、不幸の予言は今も生きており、終末思想は残っている。

疫病、世界恐慌、食料危機、天変地異、戦争……それに左翼が大好きな地球環境問題と、どれか一つとっても地球的危機が訪れ、人類の人口を激減させる力を持っているのに、それが短期間で同時に、オールキャストで起きようとしているのが21世紀初頭の地球の姿である。

ノストラダムス世代の私には、ノストラダムスが予言した人類滅亡を予感させる世紀末現象は、約20年ずれて、日本では令和という新元号に変わったばかりの2020年から起きようとしているように見えてしまう。

だから私は「もう、もといた世界に戻れることはない」と言ったのである。ただし、私は決して不幸の予言者になるつもりはないので、真意を述べておく。これから始まるであろう「破壊」は今の時代に生を得て地上で暮らしている人間にとっては恐ろしいことだが、より良い世界を建設させるための、つまり「創造のための破壊」であるならば、受け入れなければならないだろう。

このままいけば世界がどうなるかは多少勉強すれば予測出来るだけに、人類の悲惨な未来を変えるための「神の見えざる手」(アダム・スミスの経済社会思想ではなく、その言葉通りの意味だ)が今、積極的に働きかけていると信じたい。

コロナのもう一つの恐怖は経済を人為的に崩壊させること

台風は一過性のものであり、過ぎ去ってしまえば被災地に爪痕を残しても、風水害が止まればもとの世界に戻り、復興作業に取り掛かることが出来る。しかしコロナ・パンデミックは、人類が20世紀から築き上げてきた経済を破壊させるだけのパワーを持っており、事は簡単ではない。「三密」を提唱し実践するならば、それを突き詰めていくと経済活動は成り立たない。三密は感染拡大には有効だろうが、経済活動にトドメを指す両刃の剣である。

コロナウイルス蔓延の終息が短期間であれば、政府の助成金、無担保貸付等々の政策により、ある程度は持ちこたえることが出来ようが、長引けば、長期的な支援にはおのずと限界がくる。各企業は自力で売上をつくり、利益をあげないことには事業継続は不可能となる。

「命を取るか」、「経済を取るか」、そのジレンマはずっと続く。ダッカ日航機ハイジャック事件で、「人の命は地球より重い」と迷言を残し、テロリストに身代金を渡したのは福田赳夫元首相だ。そして今も人命最優先の「人に優しい政治政策」を政治家は選択することになろうから、その結果、日本経済はアウトになる。

三密で「生産」「支出（消費）」「所得」は減少する

既述したように、「三密」の積極的推進により、「支出（消費）」は極端に鈍り、モノやサービスは売れなくなった。モノやサービスが売れなければ、国民全体の「所得」は確実に減る。しかし、それだけでは終わらない。モノやサービスが売れなければ、「生産」しても在庫は増える一方なので「生産」も減る。

個人レベルにおいて支出（消費）の削減は、生活防衛になり貯蓄増になりそうだと思えるが、マクロの視点から見ると、消費活動の停滞、減少は、回りまわって個人の給与を減らし、遂には給与を支給してくれる職業を奪うことになる。

「生産」「支出（消費）」「所得」のそれぞれの項目の総計は、国家のＧＤＰとイコールであるため、三密による各数値の減少は、そのままＧＤＰの減少とイコールになる。つまり消費活動を抑止する三密政策は、国民が等しく貧困化していくことを意味する。

コロナ禍における三密政策の先には、街に失業者があふれた１９２９年の世界恐慌以上の風景が広がるのは自明の理である。それでも人命第一なので止められない。

消費増税の政策によって税収増を目論んだ財務省と政府は完全にあてが外れ、コロナ禍を発端として、あらゆる消費が鈍るので税収減となる。消費税なる徴税システムは、国民が消費してくれない限り徴税出来ないのである。

安倍政権によるデフレ下の増税、デフレ下の均衡財政を目指すという、実施する「時」を誤った禁じ手の政策は、コロナ禍がなくとも国民の支出（消費）を減らし、目論見通りにいかず、大失敗に終わっていただろうが、コロナ禍は「増税による税収増」という失政を嘲笑うかの如く、「増税による税収減」という現実を白日の下に晒そうとしている。

政府は不況下の消費税が国民の消費の関所になっているのを知りながら、自らの政策の失敗を認めることになるので、それでも消費減税に舵を切ることはない。消費減税の実施を選択することなく、「各種助成金給付」や「Go Toトラベルキャンペーン」、「無利子貸付」に加えて、無意味な「アベノマスク配布」という政府支出によって、企業や国民を支えることを選択しているのだが、それは経済の根本的治療になることはなく、ただただ企業、商店、外食、小売業の倒産を日延べにする政策でしかない。

消費の回復を願うならば、政府は消費支出を喚起する「消費減税」というカンフル剤を今こそ打つべきなのだが、その議論もしないのだから、行くところまで行くしかない。影で操る財務省の税制方針、プライドで判断する内閣によって、消費を喚起する減税政策への転換はまったく期待出来ない。私は助成金や補助金の支給よりもはるかに経済を上向かせる効果があると思うのだが。一時しのぎの政策ではなく、経済活動の根本回復を実現する減税政策が、今こそ必要である。

倒産の連鎖は金融機関にまで及ぶ

倒産は日本のＧＤＰの７割、雇用の８割を占めるローカル産業（飲食・観光・小売など）から始まり、中小零細企業に波及し、絶対に潰れることはないと信じられているグローバル型大企業に及び、そして最終的には国民が無条件で信頼している金融業（銀行）も倒壊していくこととなる。必ずこの順番の倒産劇が始まる、というか、既に始まっている。

ＡＮＡもＪＡＬも、兆円単位の借入れを起こしてコロナ禍の長期化に備えようとしているものの、前年対比売上高50％～90％減のような経営を続けていたら、いつまでももつはずもないし、更なる借入れにも限界がくる。それは国家のインフラを支えるＪＲとて同じである。

素朴な農耕社会と異なる、「人」、「モノ」、「金」を高速度に回転させる近代経済原理は、第三次産業に従事する人口を増やし、経済の拡大によって大量の雇用を生み出してきた。その20世紀型繁栄システムが崩壊しようとしている時に、企業の倒産を阻止して企業活動を支えるウルトラCなどない。いくら考えても、人々が消費しない限り、すべての企業の存続基盤はない。

よって、消費活動の足を引っ張る三密政策と、国民の心を委縮させ「恐怖」も伝播させ、消費を減退させる政府及び言論機関は、企業を「死」に追いやる死神と化してしまっている。

最近では、「中国共産党政権は新型コロナウイルスのパンデミックに関して、世界中にコロナウイルスを蔓延させた放火犯でありながら、その後、医療支援によるコロナウイルス外交を促進する消防士の両方を演じている」と、中国のマッチポンプ式の外交を批判する例え話が流行った。

「三密政策」と「Go Toトラベルキャンペーン」の関係は、それと同じように、放火犯と消防士にあたる。しかしマッチポンプ式政治を行う中国が世界中から批判されるように、これではうまくはいかないというものだ。

三密政策は最悪の「習近平」政策だ

「三密」政策に、隠れた真実があることを知っているだろうか？

「三密」政策とは、人との「密集」、人との「密接」（つまり「接近」）、人の「密閉」を避けよ、と教える、言うなれば「集まるな」「近寄るな」「閉ざすな」という「集・近・閉」政策である。「集・近・閉」政策の正しい漢字は「習・近・平」政策なのである。

世界を滅ぼそうとする人の名を冠する不吉な熟語の政策は、彼らの意図通り、日本と世界を、まずは経済面から滅ぼすこととなろう。だから極端な「三密政策」＝「習近平政策」は間違いである。

私は、経済を完全に崩壊させる三密政策などは、中国政府から日本政府への指示ではなかろうかと、穿った見方をしている。国家を潰すのに刃物はいらぬ、経済を潰せばそこに残るのは弱体化した国家と貧困化した国民である。敵国はその後、いくらでも料理することが出来よう。

国家とは産業であり、企業活動の活発化が富をもたらす。国民の心を委縮させ、消費を減退させる、三密を避ける「習・近・平」政策をコロナ対策とする国家は崩壊するしかない。

また、朝から晩まで半年以上の間、コロナ公害の報道を続けるマスコミこそが、日本を未曽有の大恐慌に陥れる張本人でもある。人間は最も恐怖に反応するものであり、いたずらに生命の危機到来を煽ったら心を委縮し、こぞって消費活動を控えるものである。

それを、公共電波を使って朝から晩まで何カ月も四六時中やるのだから、国民は確実に恐怖の洗脳をされてしまう。既に国民への完全洗脳は終わっており、今のところ、コロナ死亡者数はインフルエンザ以下の死亡者数である事実など関係なく恐怖し、自衛措置を講じている。

企業が倒産すればスポンサーも消滅してしまうので、最終的にはメディア自体も倒壊することになろうが、視聴率のために日本を貧乏化させ、自らも貧乏化していく自殺行為をしていることに彼らは気が付いていない。

日本の現地点での新型コロナウイルスの被害は他国と比較しても大きくない。感染者数は約3万4000人、死者数は約1000人(2020年7月末現在)である。一方、今まで感染しても決して大騒ぎをしなかった、おなじみのインフルエンザの感染者数は年間1000万人、死者数は1万人と桁違いだ。

単純計算すると、一日3万人が感染し、30人以上が死亡している計算になる。コロナウイルスは、感染の発覚が確認されて半年以上が経過し、正体の輪郭が分かり、既に「未知なるウイルス」とは呼べない。コロナ対策には、理性的かつ冷静な対応が求められるのではないか。

東京都知事の小池百合子氏は、パフォーマンスが大好きで、連日カメラの前でスタンドプレーをしている。「緊急事態宣言」を連発し、「感染対策には夜間営業時間の自粛！」、「協力店には20万円配布！」と、第一波の大盤振る舞いにより、もともと東京都として貯えていた、1兆円もあった財政調整基金は、その95%を使い果たして500億円に減少。既に財源も底をつきかけている。彼女のコロナ禍を選挙対策に利用した私心と、非理性的かつ本能的な対策と、危機感を過剰に煽る「発言」が、東京、ひいては日本経済を沈没に追いやっている。

「このまま彼女の言うことを聞いていたら倒産する」と危機感を抱き、大手牛丼チェーン店とその他外食チェーン店各社は、「東京都の要請は受けない」と自己防衛に乗り出した。前年対比85％超も売上がダウンした企業にとって、経済がさっぱり分かっていない為政者による「営業自粛」に応じていたら、会社はなくなってしまう。

行政は外食産業やホテル旅館業・旅行業関連に、広くは経済全体に、無明かつ不見識な善意によるトドメを刺そうとしている。コロナウイルスより恐ろしいのは、国民のパニックを誘発する為政者の発言である。コロナウイルスではなく、彼らの本能的な対策こそが日本経済を沈没させ、国民の職業を奪っていこうとしている。

このような不見識な為政者は、日本だけではなく世界中にたくさんいる。コロナウイルスの蔓延より恐ろしいのは、世界的な経済の縮小である。何故ならば、世界同時多発的な経済の縮小は、すなわち空前の世界大恐慌に直結するからである。

真実

02

武漢ウイルスは人造生物化学兵器

新型コロナウイルスのパンデミックの真実は、これ以外にない！

世の中に、偶然はない。神の世界で起きることには、すべて意味がある。原因結果の因果の理法こそが宇宙を統べている。私はそういう立場で物事を見る習慣がある。

私が主宰するメルマガでは、今年の1月26日に「号外・新型コロナウイルスは生物化学兵器だ！」を配信し、コロナの正体を述べた。その衝撃的内容の論考は出版社の目に留まり、某月刊誌に掲載されもした。

まだコロナウイルスの正体が何なのか分からない段階で、「コロナウイルスは武漢の海鮮市場から拡散したものではなく、習近平が世界を滅ぼすために開発した人造生物化学兵器である」と断言し、「習近平は30億人が移動する『春節』を利用して人間生物兵器と化してしまっている中国人を、世界中に散らしてウイルスをばら撒く計画だ」と警告を発した。

未だ常識化されていないが、コロナは人為的につくられた生物化学兵器であり、それを製造したのは、紛れもなく中国の武漢ウイルス研究所である。当然、人民解放軍が関わり、製造指示をしたのは北京政府だろう。

何度も繰り返して述べるが、一帯一路の債務の罠にはまり、中国の狗と化してしまっているエチオピア出身のテドロス事務局長が率い、中国の利益のために機能していると断言してよいＷＨＯが言うような、自然発生のウイルスなどではない。

コロナウイルスが、人為的につくられたウイルスか、自然発生的なウイルスかによって、中国の立場はまるっきり異なり、世界を破滅させようとした共産主義帝国ということになるので、真実の追求を米国に任せず、国連はもとより世界各国は、こぞって行わなければならない。

国際機関による武漢ウイルス研究所の査察が未だに行われないのは七不思議である。

「武漢コロナウイルスの感染拡大が発生した後、中国政府が国際社会に対して真実を隠ぺいした結果、ウイルスが世界中に拡散して爆発的な感染拡大を引き起こし、大規模戦争並みの大量の人命を奪い、人類社会に多大な被害をもたらした。しかも、コロナウイルスは生物化学兵器であった」。これが真実である。

よって、コロナウイルス・パンデミックは極めて「人為的」な世界的疫病の蔓延と言える。日本を除くG７各国は、少なくともそのような見方をしている。中国の人為的なコロナウイルス拡散と見ているからこそ、中国政府は世界各国から累計1京１０００兆円超もの天文学的数字の損害賠償請求をされている。

ただし、「中国が意図して積極的に世界中に拡散をした」という見方は、まだ国際社会では常識化していない。あくまで中国政府の隠ぺいによる情報開示の遅れによって、武漢ウイルスに感染した中国人が、人間ウイルス兵器として春節に大量に移動したことによって世界中に拡散した、という見方が主流であろう。

しかし、事実はもっともっと悪質であり、計画的である。中国政府に、初めから世界中に積極的に拡散する意図があったとしたらどうだろうか。その事実が明らかになれば世界はひっくり返り、中国は全世界からミサイル攻撃を受けてもおかしくない。

世界中が注目したダイヤモンド・プリンセス号の集団感染も、実は仕組まれたものだったことが明るみになりつつある。感染源になった高齢の香港人は、香港のパスポートを所持していたものの、もとは中国内陸の汚職官僚で、クルーズ船に乗る直前まで刑務所にいた怪しい者だったのだ。それが、何故か急に釈放され、香港のパスポートを所持して香港から船に乗り込んだ。そしてウイルスを船内にばら撒いて、ろくに調査もしないうちに、その人物は死亡。発生後の当局の対応は、いつものことながら歯切れの悪いものだった。つまり真相は、中国共産党が世界にウイルスを拡散させるために、多国籍の旅行者が乗船しているダイヤモンド・プリンセス号に、意図的に香港から感染患者を人間ウイルス兵器として乗船させたのである。

このように、コロナウイルスの世界的蔓延の真実は別のところにある。今のところ世界は、「新型コロナウイルスという生物兵器を搭載した人間ミサイルを、米国に、ドイツに、英国に、イタリアに、スペインに、そして日本に撃ち込まれた」とは解釈しているものの、それ以上の真実は掴んでいない。

しかし米国は、それを超えた真実を掴んでいる可能性が高い。仮に掴んでいなくとも、「中国共産党から能動的なウイルス攻撃を受けた」と解釈している。それはトランプ大統領、ポンペオ国務長官が、談話の至るところに本音を吐露していることから分かる。今、真実を知る者と情報操作された嘘の報道を信じている者との違いが、温度差を生み出している。

トランプ大統領を中心とする米国の政治的指導者は、共産党ウイルスによる無差別攻撃に心の底から怒っている。トランプ大統領は、新型コロナウイルスのパンデミックを「戦争だ」と述べ、中国に対しては今までとは違った姿勢で臨むことを明らかにした。それは米国が新型コロナウイルスの真実を知っているからである。

中国が人造生物化学兵器を製造した動機

事件の真相に迫る手法は、洋の東西を問わず、犯人の「動機」を捜索することにある。「どうして中国は武漢ウイルスを製造し、攻撃したのか」。その答えは簡単だ。「原初的には米国への復讐のため、その延長線上には先進国各国を弱体化させるため」。また、「傾きかけた習近平終身体制を維持するため」である。

中国は米国から貿易戦争を仕掛けられ、2019年10月の時点で完敗していた。トランプ大統領の関税戦争は奏功し、中国経済は壊滅寸前まで追い込まれていたのだ。トランプ大統領の放った「矢」は確実に急所に命中し、中国を追い込むのに十分であった。トランプ大統領の、強いアメリカ政策は、中国に対しては確実に成功を収めていたと言えるだろう。メディアでは報道されていないが、中国はそれほど疲弊していた。

米中両国は1月13日に、第一段階目の取り決めを定めた、米中第一次協定に調印した。この第一次協定の調印は、米国側の一方的な勝利であった。習近平はパーフェクトゲームで完敗し、米中貿易戦争は、米国の完全勝利に終わったのだ。ゆえに忌々しい米国に対する「報復」として、米国の想像外の報復攻撃を思いついた。それが「生物化学兵器攻撃」である。

報復攻撃法の選択肢はいくつもある。いきなりミサイル攻撃という選択肢はないが、「電磁パルス攻撃」という通信網、情報伝達網の破壊という手法もあったことだろう。では、どうして生物化学兵器での攻撃を選択したか？　それは「誰が攻撃したか分からない、分かりにくい忍者攻撃だから」である。

誰が攻撃したか、攻撃対象国にも第三者の国々にもバレることなく、攻撃目標国に対して経済的、人為的、心理的な大打撃を与えることが出来る人造化学兵器ほど重宝されるものはない。感染力も致死率も高いウイルスの蔓延は、敵の軍隊をも弱体化させることが出来る。実際、第一次世界大戦時のスペイン風邪の蔓延によって、米軍は兵士の不足に悩んだ記録がある。次々とスペイン風邪に感染し、病人となり死亡していく米軍は、兵士の補充に窮したほどだった。

ウイルスの感染拡大によって、ベトナム戦争での戦死者数以上の国民を葬ることも出来る。実際に米国国民の死者数は、既にベトナム戦争での戦死者数をトリプルスコアで超えてしまっているばかりか、まだまだ増え続けている。

また、経済的打撃は、経済大統領として人気のある、しかも大統領選を控えたトランプ大統領の支持率の低下に繋がる。中国政府にとって目の上のたんこぶであるトランプ大統領を、大統領選挙で落選させることに繋がるコロナ忍者攻撃は一石二鳥、三鳥、四鳥、五鳥のワンダフルな作戦である。

まとめると、

●忍者攻撃法なので誰が攻撃をしたか分からず、自然発生ウイルスをカモフラージュ出来る。

●一度広まればなかなか終息することなく、被害は無限に拡大し続ける。

●経済的ダメージを負わせ、国力を弱体化させることが出来る。

●その結果、トランプ大統領の人気を低下させ、秋の大統領選で落選させることが出来る。

●手強い米軍兵士の攻撃にも繋がる。

以上の理由により、中国政府は実に効果的な生物化学兵器攻撃を選択し、実施したのである。

新型コロナウイルスの攻撃対象国は、米国だけではない。生物化学兵器は米国のみならず、Ｇ７先進国をまとめて攻撃出来、経済的ダメージを負わせ弱体化させられる。共産党ウイルスは、敵国の国民を大量に殺す目的でつくられ、一度蔓延したら最後、仮に習近平が中止命令を出しても、ウイルス蔓延は止まることなく、自発的に感染拡大し続ける。

敵国攻撃兵器を開発し自国で漏洩した愚

ここまで見て、「ではどうして武漢閉鎖を始めとして、中国国内でもコロナウイルスが猛威をふるい大きな被害を出したのか？」という疑問が残ることだろう。何故ならば２０２０年世界的コロナ蔓延の初期段階では、中国こそが最大の「被害国」であったからだ。

その答えも簡単だ。「武漢ウイルス研究所からウイルスを持ち出す時に、武漢市内に漏れたから」である。ある意味、管理・監督がガサツな中国らしい理由と言えよう。

生物化学兵器が「漏れた」ことは、中国政府にとって想定外であっただろうが、逆説的ではあるが、ある意味幸運な面もあった。それは中国自身が被害国を装うことが出来るからだ。敵国攻撃のために開発した兵器で、自国に多大な被害を及ぼすほど間抜けなことはないが、そのような想定外のミスがあったのだと思う。生物化学兵器は化学兵器同様、デリケートな管理が必要な兵器だけに、運搬時等で管理が悪ければ「漏れる」可能性がある。

最初のコロナ被害国が、実は世界中を窮地に追い込んだ加害国であった。それが歴史の事実として定着するのは、今しばらく時間が必要だろう。真犯人は通報者であったというのは、推理小説のお決まりのパターンでもある。その証拠を掴むために米国中央情報局等米国の関連諸機関が総力を挙げて追跡しているので、いずれ真実は出てくるはずである。私は、既に証拠は掴んでいると見ている。

もう既に、中国は共産党ウイルスを世界に蔓延させた唯一の加害国であり、決して被害国ではないことは時間の経過と共に明らかになってきており、中国に同情する国家は世界に一国もない。図々しく邪な心でコロナ外交を展開する中国の悪魔の化けの皮は、剥がれてしまっている。

中国はコロナウイルスをまいた

さて、本論考の最も重要な真実を述べる時が来た。私はコロナウイルスの世界的拡散は自然発生的なウイルスではなく、人造化学兵器であると既述したし、更に中国が世界に対して積極的に拡散させたとも述べた。

では、一体どういう手法で積極的に拡散させたのか? 約30億人の中国人が世界中に大移動する『春節』時に、「歩く人間生物化学兵器」として運ぶのもその一つであろうが、もっと決定的な手法を用いて感染を拡大させる方法がある。

それは「都市の空中からの散布」である。これは決して「とんでも話」などではない。思い出してもらいたい。中国の次に感染拡大をした国はイタリアであった。放火魔の中国は、イタリアの人道支援と称して、医療品を持参した医師団を派遣し、消防士として消火活動をするふりをした。中国の申し出を医療先進国のドイツは即刻断ったが、イタリアは受け入れ、中国に感謝の意を表明した。

これがイタリアの禍となった。まさか人道支援と称してウイルスをまく連中がいるとは夢にも思わない。その証拠に、中国医療団がイタリアに入ってから、よけいに感染爆発は起きた。因果関係からしたら奇妙である。救済と称してイタリアに入り、実験的にコロナウイルスをまいた可能性が高い、私はそう推察する。あくまで推察であるが。

イタリアでの爆発的感染は、国境のないＥＵ近隣国へ波及するのに、さして時間はかからなかった。かくて欧州全域でコロナウイルスは猛威をふるった。

中国で流行したコロナウイルスに比べ、欧州各地で流行したウイルスは、ウイルスが変異し致死率が上がっている、と専門家の間ではいわれている。今では大別して5種類の新型コロナウイルスが存在するという。中国発の「アジア型」と「欧州型」と「米国型」は、同じコロナウイルスでも変異し、症状や致死率が異なるという。

変異であったかもしれないが、致死率の高い別のタイプのコロナ2号を実験的に散布したのかもしれない。中国コロナウイルスと欧州型コロナウイルスでは致死率が違い過ぎる。ここにもう一つの闇がある。

次に米国。ニューヨーク州の爆発的感染は尋常ではなかった。中国を敵国と認知している米国は、世界に先駆けて1月31日には中国人の入国をシャットアウトしたものの、まったくその効果はなかった。それは既に、100万人を超える中国人が国内に上陸していたからである。

日本は中国政府に遠慮し、この期に及んでも4月の習近平の国賓来日に気を使い、また中国観光客のインバウンドを手放したくないという思惑もあって、世界各国の対応から一番遅れて、3月9日に厳格な入国制限に踏み切った。世界134カ国が実施した中国全土からの入国禁止措置に背を向け、一国のみ、中国政府への忖度政治を継続し、国民の命を守ることを優先しない日本政府、当時の安倍政権は、世界中の国々の目に異様に映った。

その間、2019年の春節時の来日人数、約70万人を超えた、約92万人もの（もちろん湖北省出身の人も含まれた）大量の中国人の入国を許してしまった。その結果、日本国内に武漢ウイルスが蔓延することとなった。すべては安倍政権の決定的かつ、取り返しのつかない判断ミスによる。

更に、そのタイムラグを利用して日本経由で米国に渡航し、歩く人間生物化学兵器になった中国人もいるだろうが、それだけでは米国の、世界でも突出した爆発的感染拡大は説明不能である。

しかもニューヨークは米国経済の中心地であり、最も経済活動にダメージを負わせることが出来る大都市だ。そこで爆発的感染が起きたのは、偶然ではなく意図的なものを感じる。つまりニューヨークを標的にしたということだ。

米国の大規模農園では、ドローンで農薬を散布することは珍しくない。ドローンを使ってニューヨーク五番街上空からコロナウイルスを散布しても、ウイルスは目に見えない。米国内にいる大量の中国人スパイを使って、このような直接的攻撃をしていたとしても、驚くに値しない。

何故そう思うのか。大きなダメージを負わせる大都市攻撃のヒントは、実は日本にある。

１９９５年3月に起きた「地下鉄サリン事件」がそれだ。オウムは密集している地下鉄車両内で、ビニール袋に入れたサリンを傘の先端で突き刺し、拡散させることによって

６０００人以上の被害者を出した。

サリンは貧しい国の「核」と呼ばれるほど安価に製造出来、人間への甚大な被害をもたらす。ただし、サリンは化学兵器であって生物化学兵器ではないので、人から人へ感染はしない。だからサリン攻撃の現場にいなければ、被害は及ぶことなく被害は限定的となる。

しかし生物化学兵器だとその限りではなく、感染拡大によって無限に拡散し、その都市、いや攻撃対象国の国民全員を攻撃することが可能で、無限の被害を及ぼすことが出来る。中国政府はオウムによる都市型テロを研究し尽くし、サリンという化学兵器よりも一層効果的な生物化学兵器に変えて実践したのかもしれない。

米国政府は、中国の直接攻撃を受けたことを百も承知している。それを認識していないほど馬鹿ではない。米国は何となれば情報大国である。

トランプ大統領は、今は表立って真相を公言しないものの、「(中国と)すべての関係を断ち切ることも出来る」「対話は望まない」「非常に失望している」と表明し、国交断絶の可能性を示唆している。

歴代大統領で、中国との国交断絶を口にした大統領はいない。日本ではこの発言を、いつものトランプ流外交として重要視していないが、とんでもない。決して失言や外交的発言などではなく、トランプ大統領の本心がこの発言に表れている。

更に、「中国は意図的にウイルスを拡散させた」「中国が競争国家たちの経済を不安定にさせるための手段として、新型コロナウイルスの海外伝播を誘導したかもしれない」とウォールストリート・ジャーナルのインタビューに対して語っている。

これは何らかの証拠を掴んだからこそ、以前より一歩踏み込んだ発言に変化しているに違いない。「お前らの悪行はすべてお見通しだ。米国に何をしたか知っているぞ、絶対に許さん」と、本音を随所で吐露しているのだ。その後、7月1日の香港への香港国家安全維持法の適用による一国二制度の事実上の終焉、続いて7月27日に成都米国総領事館の閉鎖など、米国を刺激する傲岸不遜な中国政府の態度に対して、米国の怒りは頂点に達している。もういつ何が起きても不思議ではない段階だ。

それはそうだろう。武漢で製造した生物化学兵器を米国内で散布したことが事実であるならば、米国民を大量殺戮する目的でのテロ行為ということになるので、それはテロを通り越し、中国による米国に対する宣戦布告となる。そして初戦では、米国は未曽有の被害を出したことになる。

仮にニューヨークでのコロナ散布作戦が空想だとしても、「中国は意図的にウイルスを拡散させた」「中国が競争国家たちの経済を不安定にさせるための手段として新型コロナウイルスの海外伝播を誘導した」としたら、世界最強の覇権国・米国のトランプ大統領が黙っているはずもない。

中国は米国を心底怒らせてしまった。米国だけが怒っているのではない。中国通信機器大手・ファーウェイの製品の高速通信規格「5G」通信網を採用する予定だった英国、フランスは採用を見送った。またドイツでは、スパイ養成所と化している「孔子学園」の撤退が決まった。

中国は米欧を完全に敵にまわしてしまったが、それだけでは済まなかった。アフリカ54カ国は、コロナウイルスの蔓延により医療体制が急速に崩壊しようとしている。国によっては、政治体制も崩壊の危機にある。一帯一路等で、今まで中国と友好な関係を築いてきたアフリカ54カ国は、中国に対する敵意を強め、中国との関係を破棄しようとさえしているのだ。

中国の邪悪な本性が露呈してしまい、中国は全世界から孤立する時が来た。親中派の代表格であったアフリカの反中化は、その象徴である。未だに習近平国賓来日を撤回しない日本政府は、世界の対中外交の変化の蚊帳の外にいる。日本人として実に情けない。

中国共産党の血に塗られた歴史と恫喝外交

中国共産党の歴史は、内に向いては文化大革命による人民の天文学的な人数の虐殺であり、外に向いては侵略と恫喝外交の連続であった。中国共産党の歴史は１９４９年の建国以来、不幸を生産する工場のようなものだった。中国共産党によって虐殺された人民の数は、約６５００万人である。

中国共産党は、チベット、新疆《しんきょう》ウイグル、内モンゴルを力で支配し、恐怖政治を施行し、強制収容所を建設し、虐殺、拷問を繰り返し、共産党洗脳教育をし続けただけではなく、おびただしい「死」をもたらした。

オーストラリア政府が、武漢ウイルスの発生源に関する国際調査を呼びかけたところ、中国政府は即座に食肉輸入の一部を停止し、同国産の大麦にも高額な関税をかけ、国内に対して、オーストラリアへの旅行や留学を控えるよう呼びかけた。

また、中国はオーストラリアへの攻撃だけに留まらず、コロナ禍の中、インドとの国境紛争を再燃させ、ベトナム漁船を沈没させ、インドネシア漁民に嫌がらせをし、マレーシアの油田調査船へも露骨な追跡を行った。

香港の一国二制度を23年で崩壊させ、香港人の自由による繁栄を奪おうとしているし、台湾侵略の意図は見え見えで、台湾に軍艦を派遣し、威嚇的な行動を繰り返している。

日本に対しては、宮古海峡を空母遼寧が悠然と往復航行し、尖閣での圧力と挑発は、過去最長を記録。与那国島と石垣島の漁船は大口径機関砲搭載の中国公船に追跡され、距離30メートルまで接近された。

このように中国政府はすべての国に対して、軍事力を背景とする時代遅れの帝国主義的外交を繰り広げ、地球的危機をつくり出している。そのような国に大きな反作用が及んだところで、それは必然であろう。悪因をまき続けてきた歴史が中国共産党の歴史なので、これから悪果という収穫を得ることになろう。

真実

03 ノストラダムスの予言は遅れてやってくる

コロナは神よりの教訓と天罰でもある

私は2020年のコロナ禍の真相は、すべて中国政府に責任があり、中国が覇権国にのしあがるために、生物化学兵器攻撃によって世界の頂点に君臨するG7各国に対して、決定的な経済的ダメージを長期間にわたって負わせることを目的とした、覇権戦争であると見ていると既に語った。

無論、第1攻撃目標は覇権を握る敵国米国であるが、先進国各国の力を削ぐことも同時に目論んでいた。このように中国が仕掛けた覇権戦争であることを知りつつも、「世の中には偶然はない」「因果の理法が働いている」という達観した立場で、今世界で起きている現象を見ると、人類に対して軌道修正を促す「神の見えざる手」が働いているように思えてならない。

すべての生物は本能的に繁殖を求める。それはコロナウイルスも人間も変わらない。コロナウイルスの繁殖は、この世で生を得る人間にとって迷惑このうえない脅威だが、地球を幾度も破壊出来る大量破壊兵器を山ほど保有し、かつ戦争好きで、支配欲が強く、道徳観念が希薄で、霊的進化の乏しい人類の繁殖は、神の目から見ると決して好ましくないだろう。

大量破壊兵器をいくらでも生産出来る人類が営々と築き上げた科学文明の崩壊と再構築、また100億人に迫る勢いで繁殖する人類を削減させる意思が、今のコロナ禍の背景にあるのではなかろうか。昔もそして今も、人類は大きなカルマを残しているのだから、人類全体を罰するかの如き作用が起きてもおかしくない。

人類全体のカルマ

今は中国が世界危機をつくり出す先頭に位置するが、欧米列強の帝国主義による非文明国に対する容赦のない植民地化と奴隷化も決して忘れてはならない地球的汚点であったし、米国の非戦闘員に対する原爆投下というジェノサイドは、米国に奴隷制度以上の大きなカルマをつくった。

約1600万人の犠牲者を出した第一次世界大戦も、約8500万人の死者を出した第二次世界大戦も、無実の罪を着せて女性を大量殺害した魔女狩りも、悲惨を極めたアフリカの部族間紛争も、イスラエルを中心とする中東戦争も、スペイン軍による南米アステカ、インカ帝国での虐殺と壊滅も、その他数々の戦乱も、すべて地球という星が背負っているカルマである。

だから現文明は特定の一地域だけではなく、地球全体に広がる文明であるだけに、それぞれの地域、国家でカルマをつくってきたので、反作用が起きるのであれば横断的に地球規模で起きるはずである。そしてそれが今、限界を超えて始まってしまった。そう見ると今起きていることの意味を理解することが出来る。だからコロナ禍は一過性ではない。

「中国共産党が世界戦争を始めたことによって世界は闇に沈みかけている」、という現実的な現象の裏に秘められた霊的真実まで読むことによって、本当の真実が浮かび上がってくる。このように、神の存在を信じ、地球の歴史を知り、霊的視点を持つことにより、現象の奥にある神の意図を垣間見ることが出来るのである。

ノストラダムスの予言は遅れてくるが「希望の革命」とセットでもあった

またそれは、人類の人口爆発の後の大幅な削減を予言した、あの有名な「１９９９の年、7の月、空から恐怖の大王が降って来る、アンゴルモアの大王を復活させるために……」という「ノストラダムスの大予言」の、20年遅れの的中に繋がることにならないか。

こう述べるといたずらに恐怖心を植え付けることになるかもしれないが、それは私の真意ではない。ノストラダムスを超える真実を伝える義務が私にはある。それは、同時に「希望の革命」が近づいているということだ。

日本の復活こそが世界を救う

読者の皆さんは、日本が中国に恫喝され、媚びへつらい、遂には占領され、植民地化され、強姦され、拷問され、虐殺される未来を受け入れることが出来るだろうか？　新疆《しんきょう》ウイグル・チベットのような悲惨な未来を望むだろうか？

当然のことながら望むことはあるまい。ならば、ならず者国家・中国が崩壊することによる、自由、民主、主権、信仰のある繁栄する日本、自虐史観を払拭し、誇りある正しい歴史を学校教育で教える日本、自分の国を自分で守ることの出来る文武に優れた日本、バブル期以上の空前の繁栄を誇る日本、世界から最も尊敬される日本の建設を望みたいだろう。

私は生きている間に、そのような「日本復活」を見たい、そして孫子の代に素晴らしい国、誇れる国を残して死んでいきたい、そう心底思っている。そのためには、今の体制が崩壊しない限り新しい日本は生まれない。そのための生みの苦しみならば、「耐える」ではなく「挑戦する」気概が湧いてくる。

「破壊のための破壊」ではなく、「創造のための破壊」であり、日本の繁栄と世界平和を実現出来る「希望の革命」が破壊の正体であるならば、それを是とする。ただし、これから来る破壊をどう受け止め、何を成すか、どう生きるか、それを選択するのは今を生きている日本人である。

夜明け前の闇は最も暗いという。いつの時代も闇の先には必ず光の指す未来があった。闇の先の光を信じて「戦う」、それが新しい時代を創る精神性であるはずだ。GDP世界3位の日本は、世界の平和と安定に責任を持たねばならない。いつまで敗戦国のメンタリティを引きずっているのか！

日本は繁栄を終え、緩やかな衰退期に入ったとする、貧乏たらしい清貧思想を払拭し「21世紀こそが日本の時代の到来」とする、明るく、積極的で、肯定的で、建設的なプラス思考で未来を拓く気概が必要だ。もう中国や韓国や北朝鮮のような、とても尊敬に値しない三流国に恫喝され、謝罪する情けない日本の姿など見たくもないし、これからの日本の未来を背負う子どもたちに見せたくもない。

今の日本の繁栄は、開闢《かいびゃく》以来、外国の侵略を許すことなく、勇ましく戦い、国を守り抜き、そして日本独自の、世界に誇れる高い文化をつくってきたからこそあるのだ。日本の祖先たちは血と汗を流しながら努力を積み重ね、文武両道の大和の国を築き上げてきたし、日本神道や仏教という信仰を根付かせ、深い信仰心を持つ民族として、神に手を合わせて生きてきた。女性的な雅な調和の世界と、男性的な発展繁栄を目指す進歩の両方を、国の文化として持つ世界に冠たる国家である。

高天原の神々の努力もあったことだろうが、地上に降り立った日本人の気概が、今の日本をつくった。ならば今の時代を生きる立派な大和民族の末裔たる日本人は、一度の敗戦で自信をなくし、外国の軍隊に庇護してもらわねば国防も自国で賄えないような体たらくの国として甘んじることなく、自らの二本の足で勇ましく立ち、世界のリーダー国としてお手本を示す使命があろう。

先頃帰天された、台湾に自由と民主主義を根付かせた故李登輝元総統は、日本精神（リップンチェンシン）を愛し、かつての宗主国日本を尊敬し、日本のような国をつくろうと決意され、今の繁栄を誇る台湾を築き上げた。そして涅槃《ねはん》に至るまで、日本精神が失われた今の日本を残念に思われていた。

世界中のあらゆる国が当然とする、自分の国の歴史を愛し、自分の国を誇りに思うことを「右翼」とする、文部科学省、日本教職員組合以下が行ってきた「左翼教育」という嘘の歴史に基づいた学校教育こそが最大の害悪となり、日本の国力を弱めてきた元凶である。

だからこそ、コロナ禍を機縁とする、戦後価値観の大転換を実現する「希望の革命」の成就が、左に寄った日本の軌道修正をする日本の「生き筋」であると深く信じる。今の「神」と「武《もののふ》」なき日本の代償は本当に高くついた。神国日本の歴史なのに「神」を追放し、経済的繁栄だけを是とすれば転落した、というのが戦後教育の顛末ではあるまいか。

私にとって神とは、「愛」と「慈悲」と「調和」と「進歩」であるが、「宇宙の理法」であり「法則」でもある。原因結果の「因果の理法」の中に、神の心が体現されていると解釈している。善因善果、悪因悪果に、神の公平と平等の精神がある。今までの生き様を心底反省し、これから良き種を蒔くことが、良き結果を生むことになる。

そして礼儀正しい日本が、高貴な精神性を取り戻して蘇り、悪魔の国・中国が崩壊することこそが世界の平和を実現する道であるのだから、日本の変革はそのまま世界の変革になる。

アインシュタインは、来日時に次のメッセージを残している。

「……世界は戦争に疲れた後、平和を求め世界的盟主を挙げなければならない。それは金力や武力ではなく、あらゆる国の歴史を超えた、最も古くまた尊い家柄でなくてはならない……」

このような、単なるメッセージではなく、それを超えた預言とも言えるアインシュタインの言葉通り、日本は「金力」や「武力」を超えた、「徳力」で世界を引っ張っていく未来をつくりあげる義務があるのだ。私はそう信じて疑わない。

真実
04 コロナ禍とセットで食糧危機がやってくる

コロナ蔓延に対して穀物の輸出制限を始めた国々

コロナ禍と連動して起きるのは、世界的食糧危機である。疫病と食糧危機は歴史的にもセットであった。日本では食糧危機の到来を叫ぶ人が少ないのが不思議でならない。

新型コロナウイルスの感染拡大に伴って、小麦やコメなど穀物生産国が自国の食糧確保を優先し、輸出を制限する動きが広がっている。農林水産省によると、小麦輸出国のロシア、ウクライナ、それにコメ輸出国のベトナムなど、すでに15カ国が輸出制限を実施ないし検討している。

輸出制限が拡大すると、穀物価格が乱高下し、食糧不足を激化させる。国連世界食糧計画（WFP）は、コロナ感染拡大の影響で2020年末までに世界で2億6000万人が食糧不足に直面し、2019年に比べて食糧不足が倍増する可能性があると警告している。

しかしこの数字には、後ほど言及するサバクトビバッタによる蝗害は換算されていないし、それは2020年3月時点での見解なので、世界的なコロナ第2波の到来があれば、食糧はもっともっと不足することは必至だ。そして既に第2波は米国で始まりつつあり、もっと事態は深刻化していくだろう。

世界貿易機関(WTO)のルールでは、自国内が食糧不足でない限り、輸出制限は禁止されている。だがこのルールは食料純輸入国には適用されない。貧しい途上国にとって輸出を制限するかどうかの決め手は、国内の購買力次第である。

2008年のリーマンショック時に、インドはコメの輸出を禁止した。この時、穀物の国際価格が高騰しており、輸出制限をせず自由貿易のまま放置すれば、インド産の低価格のコメは国際市場に吸い寄せられ、その結果、国内供給が減り、価格が高騰しただろう。

インドの貧しい人たちの、支出の大半は食費が占めている。発展途上国はすべからくエンゲル係数が高い。価格が高騰すれば、食料品を買うことが出来ない。長引いて飢餓に瀕するという事態を防ぐために、インドはコメの輸出を禁止した。こういう判断があるので、ＷＴＯで食糧供給を完全にコントロールすることは出来ない。

インドは、今回も国内の貧困層向け配給を優先し、コメや小麦の輸出を制限している。ベトナムも輸出を制限したが、タイは追従しなかった。所得水準が相対的に高いのが理由だ。カンボジアも一時的ないし部分的に輸出制限措置を講じている。コメ輸入国のフィリピンは、東南アジア諸国連合を通じて30万トンのコメを政府が購入する方針を明らかにした。

このように純輸出国はコロナ感染拡大が決して本格化してはいない段階であっても、国内事情によって穀物の輸出を制限する措置を取っている。まずは国民が食べられることを最優先することが各国の常識的な判断であって、他国の国民の胃袋を満たすために慈善的輸出をする国など存在しない。

食糧不足に陥る要因は他にも沢山ある。各国の入国制限規制で外国人労働者の流入がなくなり、第一次産業の生産人口の人出不足が世界的に発生し、食糧の生産量が落ちている。世界的コロナ蔓延は、食のサプライチェーンを直撃するので供給網が滞る。ならば備蓄は? 危機管理意識の皆無な日本政府が4月に成立させた補正予算の食糧供給強化予算は、わずか800億円程度。国防同様に食における危機管理意識が欠如している。

石油やLPGなどの資源エネルギーと事情が異なり、食糧備蓄は極めて脆弱である。大豆2週間程度、小麦は3カ月程度、飼料穀物は1カ月程度、生鮮野菜はゼロである。日本政府はコロナ禍でも食糧危機が来ないと踏んでいるので、備蓄を大幅に増やす計画はない。

日本のカロリーベースにおける食料自給率は先進国最低の38%で、それも減少傾向にある。昭和20年当時でも88%の食料自給率があったので、その当時よりはるかに自給率は下落し、食料安全保障は風前の灯火となっている悲惨な状態なのだ。38%ということは、日本の食の63%を善意ある外国に依存しているということになる。果たしてそれでよいのだろうか。

後ほど言及するバッタの蝗害によっても、食糧事情は多大に左右される。食糧危機の到来が目前なのに、よりによってバッタの被害が拡大しているのは、天罰そのものである。

火力を伴う米中戦争が勃発すれば、戦場は南シナ海、東シナ海になる。さすれば日本の生命線であるシーレーンが壊滅する恐れがある。日本近海を主戦場とする戦争勃発は、第二次世界大戦と同じ状況を現出させる。

まずは中東からの石油の輸入が止まる。同時に中国からの食品の輸入も止まる。日本の台所、外食は中国に支えられている。それが入らなくなる。中国だけではなく、台湾、オーストラリア、東南アジアからの輸入もストップする。

「資源」「食糧」「エネルギー」の輸入が止まれば、日本は「陸に上がった河童」状態になる。食料安全保障は、エネルギー安全保障、軍事安全保障と比較しても甲乙つけがたい国家としての重要課題であるはずだが、ないがしろにしていると言われても仕方がない現状である。何故日本政府は食糧危機が起きないという前提で食糧政策に取り組んでいるのか、まったく意味が分からない。それは見たくないものを見ないようにする、「ダチョウの平和」（ダチョウは危険が迫ると砂の中に頭を突っ込むという迷信があり、転じて状況は変わっていないのに、現実逃避をして消極的な安心を得ることを言う）でしかない。カネさえ出せば食糧を確保出来るとする日本の食料安全保障は0点である。

唯一の国産エネルギーである原発を停止し、食糧を外国に依存し、軍事は米国に丸投げする政策の日本は、能天気というか異常だ。しかしそれ以上に、誰しもが異常だと認識していないところに本当の恐ろしさがある。

食糧の貿易依存度の高い米国、オーストラリア、中国からの輸入がストップした際どうするかを考え、法整備や対策を立案するのが政府の仕事であるのだが、前提の危機意識が欠如してしまっているので何も為されない。

食糧危機に直面すると、減反政策で休耕している田畑、運動場、校庭、空き地、ゴルフ場などにイモを植える要請をすることになるのだろうが、不人気で不必要な実用性のないアベノマスクを配布する資金があるならば、食の安全保障に本気で取り組んでもらいたい。大変なことになる予感がする。

食糧は港からリヤカーで各地に運搬することは出来ない。インフラがあってこそ末端に供給することが出来る。インフラを動かすのはエネルギーである。トラックが動かなかったなら食は供給出来ない。よってエネルギーが止まったり、不足しても食の供給は止まってしまう。

まとめると、食糧危機は次なる複合的要因で起きる。

- ●食料自給率が38%しかなく、世界平和と外国に依存する食糧政策
- ●コロナの世界的蔓延による食糧生産の減少
- ●バッタの蝗害による世界的食糧不足の発生
- ●有事に起きるシーレーンの機能不全による輸入のストップ
- ●エネルギー危機に伴うインフラ破壊による食糧流通不全

万が一、この5項目が同時に起きてしまったとすると、手の施しようのない切迫した食糧危機を招くことは１００%避けられない。

コロナ禍のバッタの異常発生

食糧不足の打撃をもろに受けるのは、既に飢餓が問題となっているアフリカなど、最貧国や中東など紛争当事国だ。特に難民の多いナイジェリア、南スーダン、シリア、イエメンなどへの打撃が大きい。そこへサバクトビバッタの大量発生が襲いかかって食糧を食い尽くしている。

また中国も、聞けば国内のイナゴの害と、外国から飛来したトノサマバッタによる害のダブルパンチであるという。また南米のアルゼンチンやパラグアイでは、ツチイナゴが1日で3万5000人分の食料に値する農作物を食い荒らしている。コロナ禍で、アフリカ・ユーラシア・南米の3地域で同時多発的にバッタの害が深刻化しているのは決して偶然ではない。

世界的コロナ感染拡大による食糧危機到来が叫ばれている中での食糧を食い尽くすバッタの大量発生には、見えない世界からのメッセージが隠されていると見るべきだろう。

中国の大洪水

中国ではコロナウイルスの蔓延、バッタの異常発生による蝗害が同時発生する中、大洪水が起き、冠水被害に見舞われている。中国当局は否定しているが、三峡ダムの崩壊まで囁かれている。

6月以降、江西、湖北、広西、貴州、広東、重慶、四川など27省・自治区・直轄市に被害が出ており、住民延べ4552万人（7月末時点）が被災したという。この大規模洪水の割には死者・行方不明者の発表数が少な過ぎ、コロナ感染者数同様、数字操作をしての報道であることは見え見えである。実際は、空前の被害を出しているのではなかろうか。

経済損失額の発表数字も手にしているものの、過小なのでここで記しても意味がない。いずれにせよ、中国は「コロナ」、「バッタ」、「洪水」と三連続の国難に見舞われていることだけは確かである。「天」による「中国共産党攻撃」と見えし厄害の連続に、中国という神の心に反した無神論国家への天罰を感じるのは私だけではあるまい。

次に起きるのは「大地震」だろうか。中国の辞書には「神」と「反省」という文字がないので、何が起ころうと天意や天罰と捉えることはない。反省を促しても、促しても、反省しないのならば、まだまだ天意による害厄は、世界を闇に沈めようとする、最後に残った共産主義大国に続く。

真実

05 米中戦争は始まっている

異次元レベルの戦争が始まった

「米中戦争は起きるのだろうか？」という疑問は既に過去のものであり、既に戦争は始まっている。既述したように中国による米国攻撃はコロナ攻撃であった。米国は当然黙っていなかった。

世界秩序を破壊し、自由、民主、信仰を否定し、覇権を狙う共産主義大国をこれ以上放置する気はない、というのが共和党、民主党問わず米国全体のコンセンサスである。中国戦に対してはオール・アメリカで一枚岩となっている。

武漢発のパンデミックによって、都市封鎖を余儀なくされ、自由を奪われ、職も奪われ、2000万人超が失業し、収入は激減し、大嫌いなマスクを着けずに生活が出来なくなった米国民の怒りも頂点に達している。「中国憎し」の国民的コンセンサスは出来上がっている。

唐突であるが、結論から述べる。米国による中国攻撃は既に6月になされている。「はっ?」とお思いだろうが、事実だ。ゆえに米中の戦いの火ぶたは切って落とされ、双方が攻撃し合っている戦闘状態にある。

ただし、20世紀の戦争のように火力という目に見える手法以外の兵器で敵国を攻撃しているために、戦闘状態であることが誰の目にも分からない。しかし戦闘状態を認識することは出来ずとも、互いに甚大な被害が出ている。

米国の被害は、もう言うまでもあるまい。米国は世界一の約439万人の感染者、約15万人の死者(2020年7月30日現在)を出している。コロナ禍そのものが、中国による攻撃の成果である。ベトナム戦争の約3倍の国民の命が失われているので、米国にとってこれ以上の屈辱はない。

ニューヨークの繁栄の象徴であるワールドトレードセンタービル2棟を丸ごと完全破壊され、3000人超の死者を出した2001年のアメリカ同時多発テロ事件後、当時のブッシュ大統領はテロとの戦いを宣言し、イラク戦争を始め、かの国を解体し、フセイン大統領を処刑し、オサマ・ビン・ラディンを追い詰め、ピンポイント攻撃により殺害した。世界の警察官・米国はこれだけの攻撃を受けて黙っているはずもなく、攻撃を受けたら報復する。

米国の秘密兵器による中国攻撃

そして米国は秘密兵器である「気象兵器」を使用し、「水攻め」をしている最中である。5000万人超の被害者を出す洪水は、当然のことながら自然災害にしか見えないが、米国の新兵器による攻撃の可能性が高い。既に人工的に巨大地震を起こす「地震兵器」も完成済みとの情報もある。これら一連の災害誘発兵器の総称をプラズマ兵器と呼ぶ。

もし今後、中国に大地震が起きたら、自然災害ではなく、米国の地震兵器が炸裂したことを示しているのかもしれない。21世紀型の大国同士の戦争は、異次元の戦いの様相を呈している。

このように、米国が直接攻撃したように見せない特殊な攻撃法を用いるのが、これからの新しい戦争の特徴かもしれない。中国も生物化学兵器攻撃を自然発生の疫病としてカモフラージュし、中国軍による攻撃と目されないような方法を取ったが、米国もそのお返しをしたことになる。

米国は7月に、2度も南シナ海にニミッツとロナルド・レーガンという空母打撃群を派遣し、軍事演習を実施した。1万2000人の兵士、120機の航空機を搭載しての演習は、中国への強い意思を示した。大規模空母打撃群の演習と称して南シナ海で中国軍を威嚇しつつも、裏ではしっかりと異次元攻撃をしているのかもしれないのだ。そういう違った視点を得ることが出来たら、今の中国の大洪水の意味が分かってくるだろう。

未知なる異次元兵器は実戦配備済みだ

昨今の戦争は、電磁パルス攻撃とか、人工衛星からの攻撃だとか、攻撃兵器のオプションは幾多もある。中国はいち早く宇宙軍を創設し、米国が遅れて追従したほど、近代科学兵器の技術革新は目覚ましい。米国は既に、数年前からプラズマ兵器を実戦配備している。それは人類が未だ知らない兵器である。１９４５年当時、新開発された核爆弾は未知なる大量破壊兵器であったが、その後、水爆、中性子爆弾へと進化し、破壊力は増していった。核兵器は確かに今までの戦争を変えてしまったが、まだアナログの世界の兵器でしかない。プラズマ兵器は戦争法をイノベーションする次世代兵器であり、戦争の方法を大きく変えることとなる。しかし世界各国はまだ手にしていないはずで、米国が独占している状況だ。

戦争は外交の延長線上にある軍事行動であり、国際紛争の武力による解決である。そして、米中は激しく対立し、国際紛争の火中にある。戦争目的は敵対国にダメージを与えて、相手の国体を崩壊させ、戦勝国にとって好都合な体制に変革し、戦勝国の言い分を飲ませることにある。そして今回の米国の戦争目的は、中国共産党の壊滅にある。かの国を共産党政権が支配している限り世界の火種は絶えないと見ているし、それはもっともなことだ。「中国の解体」、それが米国という覇権国の不退転の覚悟である。

米国は、中国との戦争を目に見える形にする事情がある

米国経済V字回復の最大の作戦は、「戦争」による大量消費である。それは、過去何度も通って来た道だ。また、「戦争」によって中国という敵を叩き潰すことは、大統領選挙に勝利する最大の選挙活動にもなる。

中国の米国経済の破壊によって、経済大統領トランプ人気は落ち、民主党大統領候補バイデン氏が有利になっていると報道されている。トランプ大統領は国民に、大統領としての意思を力強く示す時が来ている。

ただし、米国メディアはこぞって今も反トランプを貫いており、何とか次の大統領選で落選させようと情報操作しているのも事実だ。米国メディアから届けられる報道は、前回のトランプVSヒラリーの対決同様、まったくあてにならないし、再び外れる可能性が高い。中国から多額の資金を取得しているバイデンは、実際は不人気で、とてもトランプの敵ではないとする評論も多々ある。

いずれにしてもトランプ大統領は、米国が攻撃したか否か分からないプラズマ兵器による攻撃だけではなく、米国の意思で攻撃したことが誰の目にも明確に分かる通常兵器による戦闘も、世界に見せる公算が高い。今後、トランプ大統領の一挙手一投足に目を配る必要がある。

ここで中国という邪悪な国家と戦わなければ、中国共産党に支配されるおぞましい未来が待つ可能性もある。戦争は不幸であるし、避けられるものなら避けたいが、こちらが平和を望んだところで、コロナを世界に拡散してまで覇権を狙う独裁国家がある以上、地球の平和はない。平和主義で平和は実現しない。

米国だけではなく、人類は中国と対決しなければならない時が来ている。その先頭を切って中国共産党という悪魔と対峙しているのが、米国大統領である。日本人も我ら自身のことと捉え、一緒に戦うファイティングスピリッツを見せるべきである。

コロナ禍の中で生き抜く知恵と究極の対策

これまで、コロナウイルスを引き金とする、サバイバルの時代の到来を予告した。この戦いは長期戦であり、決して一過性のものではないことを肝に銘ずるべきである。「戦争」、「疫病」、「災害」、「事故」と、人生のどこかには、好ましくない環境に置かれた中でたくましく生き抜く試練があるものだ。

年齢は様々であろうが、今世でその時期が来たとあきらめ、逃げずに戦うべきである。ウイルスは恐怖するほどに、つけ狙って憑依して来る悪霊のようなものであり、勇ましく戦う意思を持ち、立ち向かって来る相手には弱い。

ウイルスも生命体であり、弱肉強食の法則の中で生きている。中国共産党と同じで強い者には媚びへつらい、弱い者には強く出る。恐怖心を持つほどに、ウイルスの餌食になりやすい。

私は健康塾の塾長でもあるので、病気に対しては一定の見解を持っている。結局、病気に感染する人と感染しない人は「免疫力」の違いである。同じ空間にいても感染する人と感染しない人がいるのは、免疫力が高いか低いかの違いだ。だから免疫力を高めることがコロナ感染対策となる。

テーマが違うためここでは深く言及しないが、体力、筋力をつける運動を成し、規則正しい生活をし、基礎体温を高め、血流をよくし、生体電流を整え、明るく元気に生きる、このような伝統的な健康法がコロナにも効果的だ。また、コロナウイルスには、日光浴と万病を治すパワーのある「塩」も効果的だ。このように「免疫力を強化して戦う」、これが感染症への基本姿勢だ。

テレビの報道を見るにつけ、「誰も死にたくないのだな」とつくづく思うことがある。確かに死にたくないのは分かるが、いつか死ぬ運命にあるのが生を得た人の宿命である。ただし、死に方と死ぬ時期が分からないように目隠しをされているので、機嫌よく生きているだけだ。ならばいつか死ぬ運命にあるのだから、「死」を受け入れる精神的態度を持っていれば、コロナ感染に対する心構えが違ってくるはずだ。

「サバイバルと言いながら、死を受け入れろとは何事だ！」と怒らないでもらいたい。逆説的だが、「死」を受け入れることにサバイバルの効果があるのだから。「コロナに感染して死ぬのは寿命、運命だから覚悟せよ」などと言う気はサラサラない。

どういうことか？　本論考を終えるにあたり、本書を購入してもらった読者に対して、恐怖心から離れ、同時に免疫力を高める方法を教えよう。

本書は『日本の常識はウソだらけ！　誰も教えてくれなかった世の中の真実15』というタイトルなので、目からウロコの衝撃の真実をピックアップして開示している。その中には、「死後の世界」の存在も入っている。死んだら「無」になると思って生きている人にとっては、それこそ衝撃の真実であろう。

実は「死後の世界」や「霊界」はある。というか、あの世がなければこの世はない。今いるところを起点に考えるから「ある」とか「ない」とかという議論をするのだが、あの世の住人からすると、ちゃんちゃらおかしいことなのだ。

次元が異なる見えない世界なので、どうしても「証明」にはなじまないのだが、「ある」ものは「ある」。それでもそのことをなるべく現代人になじむように科学的アプローチで証明しようと挑戦したのが、「まだ見ぬ『死後の世界』がある」という論考だ。

その論考を「衝撃の真実」の一つとして本書に掲載しているので、どうぞ読んでもらいたい。納得すること間違いない。

人間は死んでも死なない生き通しの生命体であり、死は肉体という衣を脱ぎ捨て身軽になった霊体で、あの世で暮らすための卒業式である。新たな「生」を得て、あの世という暮らす場所変えることが「死」の意味である。

私はその研究に40年間も費やしてきたが、これは否定しようもない、まぎれもない事実である。私が保証する。

だから、「死」をいたずらに恐怖することはない。「死」はなかなか修行が厳しい地上世界からの旅立ちであり、地上で良い行いをした人にとっては、天国に還る最高の瞬間なのである。もっと言ってしまえば、喜びと幸福の瞬間が「死」なのである。

だから、仮にサバイバル出来なかったとしても大丈夫。その後別の世界に移行して生き続けることになるだけだ。そう思っておれば、コロナウイルスを撃退出来る。そう思って生きておれば、その明るい精神性が免疫力を高めることになる。

「正しい死生観」を持つ、それがコロナ感染対策になる。コロナで時間が余るなら、未知なる大陸を発見するために旅立ったコロンブスの心境で、あの世の世界とはどんな世界なのかを探検する旅に出ればよいではないか。その気になれば勉強材料はいくらでもある。

初めての旅行先へ行くのに『るるぶ』を買って、ホテル、グルメ、観光地の研究をするだろう。いつか還る世界なのだから、霊界の『るるぶ』を買って研究することは無駄ではない。研究すれば目からウロコ、安心立命で秩序ある素敵な世界が広がっていることが分かるだろう。

「死んでも死なないことを知ることによって不動心を得る」。これが最大のコロナウイルス感染に対する究極の対策である。桜大志は嘘を言わない。

第2章

誰も教えてくれなかった
「健康」の真実

真実

06 欧米には寝たきり老人はいない

そもそも日本人と死生観が違う

生きとし生けるものには必ず「死」が訪れる。人類史上オギャーと生まれて、死ななかった人はいない。中国の始皇帝は、その権力と財力で不老不死の薬を求めたが、その野心は叶うことがなかった。今後いくら科学が進歩し、宇宙に出ていく時代になっても、不老不死の夢を実現することはないだろう。

人には自己保存本能があり、死を忌み嫌う。出来れば1日でも長く生きたいと思う。それはこの世にすべての生活の基盤があり、それ以外の世界での「生」など、とても考えつかないので、現状を維持したいと思うからに他ならない。また、あの世など聞いたことはあるものの、いったいどんな世界なのかさっぱり分からないので、死をただ恐れているというのも事実だろう。

あの世など一切否定し、宗教も信仰も否定しきった唯物論国家をつくっている共産主義国では、建国の父などの肉体を冷凍保存した歴史もある。いつか科学の進歩により、復活することが出来るかもしれないので、その可能性に賭け、死んだ肉体を保存するというわけだ。

この世がすべてとしか捉えることが出来ないからなのだが、何と愚かな思想であることか。人間の本質を知らず、この世がすべてだとする小人人間の発想は滑稽としか言いようがない。死を恐れるのは、知らないからだ。死とは何かが分からないからだ。そしてこの世に執着をしているからでもある。

俳優の丹波哲郎氏は、友人の有名俳優の死に立ち合い、死を恐れ、泣き叫んで死んでいく姿を見て、自分は格好良く死にたいと心底思ったという。そのためには、死後の世界を探求すれば死への恐怖を克服することが出来るのではないか、と思い、その後霊界研究に没頭し、遂には50冊以上の霊界に関する著作を遺すに至った（ちなみに私は、丹波氏と深い関わりがあった）。もう亡くなってしまったが、霊界の事情を知り尽くした丹波氏には死への恐怖などなく、憧れていた霊界へ喜んで旅立っていったことだろう。

しかし、普通の日本人はそこまでいかない。あの世のことなどさっぱり分からないから、本人は死ぬのは嫌だし、家族も肉親の情で1日でも長く生きてもらいたいと願う。そして医者は、1日でもこの世に長く生きるための治療を施す。

終末期医療においては、それはもう決して治る見込みのない状態であっても、治療の名のもとに莫大な医療費をかけて、文字通り死ぬまで医療行為が行われる。その医療行為とは、胃ろうであったり、経管栄養であったり、人工呼吸器の使用であったりする。

そして死に損なった患者は、完治して健康になることは二度とないのが分かっていても、ただただ生き、息を続けるための治療をする。果たしてそれに何の意味があるのか医者も分からない。大きな矛盾を感じながらも、それが医者の仕事なのだからと、自分に言い聞かせ、今日も終末期医療を行っている。

では、それは全世界共通かというと、無論、発展途上国ではそのような医療など受けられるはずもなく、死期が来れば簡単に死んでいく。欧米先進国はというと、日本の医療事情とは異なり、寝たきり老人を増やし続ける日本的な終末期医療を否定している。よって、現代の日本のような寝たきり老人などいない。

欧米では、食事を自力で食べられなくなってしまった、ということは、あの世にいく準備に入ったということであり、医者の仕事は終了し、この後は牧師の仕事にバトンタッチすると認識する。息を続けさせるためだけの日本的な治療などしない。

ここで、あえて「日本的な治療」と言うのには意味がある。世界中の終末期医療というのは、日本的ではないからである。そして死にゆく患者にとって、日本的な延命治療は、最大の脅威が向かって来ることと同義である。それはあたかもアステカ文明を滅ぼしに来たスペイン無敵艦隊の如くである。

誰しもが、人生の終末期には安らかな死を求めるものだ。それは様々な人生修行を終え、旅立とうとする者へのご褒美だし、また死の旅に出る大切な準備期間でもある。ところが、まさか人生の終末期に、愛深い終末期医療という名を借りた、拷問を受けるとは思ってもみない。

しゃべることも出来ないので、拒否の意思を伝えることさえ叶わない。寝たきりで床ずれを起こすので、決して楽でもない。おむつをさせられ、管から栄養を入れられて、何年も生き続ける。

場合によっては、それが数十年も続くことさえある。痰の吸引は苦しいので手足を縛られることも珍しくない。誰一人、そのような最期など望んでいないのに、対策を打っておかなければ自動的に貴方もそうなる可能性がある。いや、健康な時に「リビング・ウィル」を家族に書いて渡し、明確な意思表示をしていても、日本では法的効力がないので主治医が却下すれば、同じようになる場合もある。

そして、遂には本人も、家族も、医者も、看護師も望んでいないのに、そのような破滅的なことを行うことになる。皆が矛盾を感じながらも、その制度が変わることはない。それは、「死」という決定的な短剣をつきつけられている限り、死を回避することが何をおいても善である、という観念が常識化してしまっているからである。これにはもう誰も逆らうことは出来ない。日本では……。

おそらく、男女とも死を恐れることなく、最も潔い民族であった日本人が、終末期医療制度により、今は「生」への執着がトップクラスの民族になってしまっている。そのような現代日本の終末期医療に対し、一石を投じる目的で、本論考を書いていく。

スウェーデンでは食べなくなっても点滴、経管栄養など施さない

北海道に立派な医師夫婦がいる。北海道中央労災病院名誉院長の宮本顕二氏と、江別すずらん病院認知症疾患医療センターの宮本礼子氏だ。この医師夫婦は終末期医療に矛盾を感じ、それを告発し、身命を賭して改革に取り組まれている。

学会への出席のため、夫婦2人でスウェーデンへ渡航した際、アニカ・タークマンという女性の老齢医師で認知症の大家と出会ったことが、終末期医療を考えさせられるきっかけになったという。その時、タークマン氏はこう語った。

「スウェーデンでは、高齢者が食べなくなっても、点滴や経管栄養を行いません。自力で食べるだけ、飲めるだけですが、安らかに亡くなります。私の父もそうして亡くなりました。

亡くなる前まで話すことが出来、穏やかな最期でした」。

日本では食べることが出来なくなると、自動的に点滴、経管栄養へと移行するが、決してそうではなかったのだ。彼女は、「ベッドの上で点滴で生きているだけの人生なんて、何の意味があるのですか？」「スウェーデンも昔は老人が食べなくなると点滴や経管栄養を行っていましたが、20年かけてしなくなりました」と付け加えたそうだ。

一部の不勉強な医者も含め、ほとんどの日本人は、日本と欧米は同じような終末期医療を行っていると思っているようだが、このように事情はまったく違う。欧米では終末期を迎えた高齢者には点滴や経管栄養を勧めないという論文が出ているが、日本にはそのような論文はなく、仮にあっても無慈悲な行為として一蹴されることだろう。

切腹の文化があった潔い武士道の国・日本では、1日でも長く息を続けることが絶対的「善」となり、欧米では意外にも、自力で食べられなくなると、死の準備に入ったと理解される。1日でも長く息をすることが良いとは思っていない。人間いつか死ぬもの、死期が来たのだと受け入れる。

患者を縛ってまで行う治療は虐待である

日本では、意識のない寝たきりの高齢者に毎月100万円以上の医療費を使っている現場を見て、医者も看護師も家族も矛盾を感じている。しかし、牢固とした終末期医療の鉄則が、それを排斥することを拒む。患者は、体に入り込んだ妙なチューブは痛いので取り除こうとするが、それを阻止するために、日本では患者を縛ってまで医療を行う。

何例かその事例を、『欧米に寝たきり老人はいない』（宮本顕二・礼子共著）より挙げてみよう。

「ある施設に入所中の86歳の男性が肺炎を起こして入院して来ました。点滴を（自分で）抜いてしまうため、両手を太い紐でベッド柵に縛られました。すると、今度は起き上がろうとするために、胴体も抑制帯で縛られました。抑制帯には鍵が付いています。患者は寝返りも打てません。この患者さんは、『頼むから、もうほっといてくれ！』と悲痛な声で叫んでいました。そして、数週間後に亡くなりました」。

「寝たきりの期間が長くなるにつれ、関節が曲がって固まり、伸びなくなります。一旦固まった関節を無理に動かそうとすると、痛みが走ります。（中略）痰が溜まって自分で出すことが出来ないため、窒息を避けるために気官にチューブを入れて痰を吸引します。これは意識がない人でも、ものすごく苦しそうにします。拷問です。さらに、点滴や経管栄養の管を抜かないように、体が縛られることもあります。手を縛られていた患者さんは『どうして縛るの、一体私がどんな悪いことをしたっていうの！』と、涙ながらに訴えていました。くの字に曲がった小さい体、その胴体や手足が柔道の帯のような太いひもでベッド柵に縛られている患者さんもいます。残酷です」。

認知症の大家のタークマン氏は、「患者の体を縛ってまで医療行為を行うことはない！」と毅然として言い放つ。患者を縛ることにより、自由を奪ってまで行う医療とは何なのだろうか？ 医療現場には医療現場の都合があり、生命維持のために良かれと思って患者を縛り上げるのだろうが、欧米ではその行為は患者虐待、老人虐待として訴訟問題になる医療行為であることを知るべきだ。

私が終末期医療に対して何度も意見を述べているのは、いつか来る貴方と貴方の大切な家族が、理不尽な終末期医療の餌食にされないためだ。そのおせっかいをしている。知ってしまったからには放っておくことが出来ない。生命維持装置で生かすのが博愛主義や人道主義だという勘違いは即改めて、個人の人間性を守るために、完治する見込みのない高齢者の死ぬ権利を認めるべきだと思う。

人間は生きる権利もあれば死ぬ権利もある。無論、自殺を「死ぬ権利もある」と言うつもりは毛頭ないが、特に後期高齢者における死ぬ権利を認め、終末期医療は、無駄な苦痛を与えない医療に徹し、優しく「見守る」ことこそが、医師や家族が最期にして差し上げるべきことではないか。私は心底そう思っている。

病院が安易に胃ろうをつくる本当の理由とは

最近は、簡単に胃ろうをつくり過ぎる傾向がある。以前は全身麻酔をかけて外科的に胃ろうをつくっていたので、かなり厳選していた。しかし、現在は胃カメラを使って15分程度で終わる施術に替わったので、以前ほど全身に注意を払わなくて済むようになった。そのため、簡単に「胃ろう」をつくるようになったのである。それがどれだけの悲劇をつくっていることか……。

私は胃ろうについて研究をしてきたが、これほど非人道的な生かし方はないと思っている。患者は、胃ろうをつくった結果、どうなっていくかを知らずに簡単にサインするが、それを悔いる人が多い。胃ろうを長く続けると、関節という関節は固まって曲がってしまう。その写真を見ると、一見しただけでは、一体どこに手があり脚があるのか分からないほど人間離れした肉体に変貌している。

おむつをあてることさえ困難になるほど全体が曲がってしまっている。このままでは棺桶にも入らない。両手を組むことさえ出来ない。納棺の時に葬儀社の方に骨を折ってもらう「ポキポキケア」を実施してもらうしかないほどになる。死んでしまっているので痛くはないと思っているようだが、それは、本当は脳死問題と同じ決めつけにしか過ぎない。死後24時間以内なら本当は、痛いかもしれない。いずれにしても、そのような人間離れをした肉体に変えていく胃ろうとは何なのか？

胃ろうは、病院の都合で行っていると聞いたら愕然とすることだろう。病院というところは、急変事態に即座に対応することが要求されるから、口からゆっくりと時間をかけて、チンタラと患者に食べさせる余裕がない。ちょっと食べられなくなると、一応、嚥下《えんげ》テスト（食べ物を取り込んで胃に至るまでの過程をチェック）はするようだが、「はい、胃ろうね」ということになりがちである。しかし、老人ホームの証言によると、病院で胃ろうをつくられて帰ってきて、介護職員が椅子に座らせゆっくりと食事介助すると、再び口から食べられるようになるケースが結構あるという。要は時間をかけて食べさせるゆとりがないので胃ろうを簡単につくっているということだ。

食べることとは噛むことであり、噛むことにより唾液が出たり、脳を刺激してボケ防止にもなっている。咀嚼には様々な効能がある。というか、生きるということは、食べ物を自力で噛むことをいう。食べ物を自力で食べさせるのは、健康にとって実に重要なことなのだが、咀嚼の効能など無視して、噛まずに生きられる胃ろうを日本の医療は簡単に選択する。

医療従事者はプロのくせに、そのようなことが分かっていないのだろうかと疑いたくなる。病院では、胃ろうをつくる時、家族への説得材料として「一度つくっても、また口から食べられる場合もありますから」と甘い言葉をかけることもある。それを聞いた家族は、また食べられるようになるための一時しのぎなら仕方がないと思って同意するというわけだ。しかしそれは方便で、口から食べられる状況にはならない。それどころか段々人間離れした姿に変身していくことになる。「こんなことになろうとは」と気付き、後悔した時には既に遅い。取り返しのつかないことになる。

胃ろうについて、札幌市内の病院に勤める方からの内部告発を紹介する。

「私はこの病院に勤めて5年になります。人間としての機能はまったくなく、植物のようなご老人のご家族に、胃ろうについて説明しても理解出来ずにいます。そのような時、先生は『胃ろうにしたら食べられるようになる患者がいる』と必ず説明します。するとご家族は喜んで『先生、お願いします』と言います。そして次々と胃ろうがつくられ続けています。胃ろうにして食べられるようになった患者は、この5年間で一人もいません。明るい話は皆無で、医療費の支払いのために夜の勤めに替わったご家族もいます。これが適切な医療でしょうか。人としての尊厳、そして人として自然に死ねる環境をつくることも、私どもの仕事だと思います。無理な延命は『メシのタネ』と揶揄されています」。

急性期病院では在院日数が長くなると診療報酬が減るため、胃ろうをつくって早期に退院させるという病院経営だ。つまり診療報酬のために、胃ろうをつくるということが平然と行われている。このようなことがまかり通っていいのだろうか。現実を知れば知るほど、医療とは一体何なのか、という思いに至る。終末期医療の魔の手から逃れるためには、日頃から家族に対して意思を伝えておくこと。そして「日本尊厳死協会」などが発行する「リビング・ウィル」(生前の意思)を書き、家族に渡しておくことである。

真実

07 放射線は「毒」にも「薬」にもなる

放射線に対する常識は間違っている

日本の医学界にも、官僚組織、財務省にも、戦後の歴史観にも闇の部分はあるものだが、放射能（業界）の闇はこれまた深く、濃い。この本は、社会の中で常識となってしまっている嘘を暴き、国民に真実を告げ知らせることを目的としているので、放射能の政府見解に一石を投じるべく本論考を進めていく。

何故なら、本来は避難しなくてもよいのに、福島の浪江町などの数多くの住民が、未だ故郷に帰ることが出来ず、あの平穏な生活、家畜、田畑、家屋敷、地域のコミュティなど何もかもを奪われ、今も不便な生活を強いられているからである。

結論を先に述べる。避難する理由は皆無であり、あの程度の放射線で故郷を捨てる必要などない。福島第一原発水素爆発という緊急時は一時的に避難しても、時の経過と共に沈静化したら、もとの生活を取り戻すことが出来た程度の原発事故であり、チェルノブイリ原発事故の放射線量とは比較にもならない程度の事故であった。根本的に危険度が違っていた。

例えるなら、福島第一原発では卵の殻の部分が粉砕（水蒸気爆発）しただけで、黄身や白身の崩壊（炉心溶融）はなかったが、チェルノブイリは卵ごと破壊された。それくらい2つの事故には程度の差がある。危険レベル7以上の基準がないので、チェルノブイリ原発事故と同じように扱い、20キロ圏内全住民避難させたのは時の政府の失策である。

その根本原因はどこにあるのかというと、「放射線」に対する政治家、官僚、マスコミ、そして国民の認識が間違っているということだ。放射線の遺伝子破壊や健康被害の恐怖が常識化し、放射能の安全性や「放射線ホルミシス効果」などの良い部分は蓋をされてしまい、報道されないでいる。世の中に一切の反論を許されない雰囲気が蔓延してしまっていて、この空気を変えるのは難しい。特に世界唯一の被ばく国の日本では、放射能アレルギーが蔓延してしまっているのだから。

以前、丸川珠代環境相（当時）が年間被ばく線量1ミリシーベルト基準に対して、「何の科学的根拠もなく時の環境大臣（民主党）が決めた」と発言されるやいなや、野党、マスコミから、いや自民党内部さえからも袋叩きに合い、腰砕けになり訂正・謝罪に追いやられたことがあったように、放射線被ばく量の1ミリシーベルト基準は聖域と化してしまっている。勇気も知識も知恵もない政治家たちは、これに歯向かうことは決して出来ない。そして国民は政府が示す放射能基準値を信じ、いたずらに恐怖だけが広がっているのだが、果たして真実なのか。

90年以上前のショウジョウバエ実験結果に、未だ支配されている日本

放射能の恐怖の淵源はどこにあるかというと、今から約90年前に遡り、米国のハーマン・マラーという遺伝学者の実験に端を発する。彼は雄のショウジョウバエの生殖細胞に放射線を当てて、異常がないかどうか実験をした。すると、2代目、3代目に「奇形」などの異常が現れた。その説を国際放射線防護委員会（ＩＣＲＰ）が支持し、全世界に「放射能は有害

である！」と訴えたことにより、世界中にあっという間に広まった。その実験結果が放射能に対するイメージを確立させてしまい、今の人類をも縛り上げている。

しかし、当時の科学では染色体の存在は分かっていたが、まだ「ＤＮＡ」についてはよく分かっていない未熟な段階での仮説であり、その後多くの科学者が実験を繰り返すことにより、マラーの説に異を唱えているのだが、一度広まった放射能の恐怖は修正されることなく、現在を迎えているのだ。

この例によく似たものに卵の悪玉説なるものがあり、その延長線上にはコレステロール悪玉論なるものがある。コレステロール過多は無前提によくないものであり、数値を減らさないと様々な病気を誘発する悪者であるという、間違ったイメージが一般化してしまい、修正することが実に難しい。卵を食べると血中のコレステロール値を高めると、今でも信じて疑わない人が多いが、まったくデタラメなことだ。

これは日露戦争の直後あたりに、ロシアの医学者アニチコフがウサギに卵を食べさせた実験から広まったものだ。卵を食わされたウサギはコレステロール値がドラスティックに上がった。それはそうだろう。ウサギは卵を食べない動物で、セルロースしか食べないのだから。当然、ウサギは卵を摂取する習慣などないので、そのようなものを食べたらみんな血液に反応が出ることになる。

しかし、この忌々しい実験がその後100年間医学界を支配したのだから恐ろしい。今ではコレステロール値と卵の相関関係などないことは常識なのだが、未だにそう思っていない医者も存在し、社会通念上、卵を食べ過ぎるとコレステロール値を上げることになる、と世間では思われている。

このような事例は枚挙に暇がない。コカ・コーラが日本に上陸したころ、コーラを飲んだら骨が溶けるといわれていたし、マクドナルドの肉は猫の肉だともいわれていた。無論すべて嘘だが、都市伝説として広まったら最後、その虚偽を消すことに、何年もの時を費やすことになる。

私が子どもの時は、転んで擦りむいたりしたら「赤チン」を塗るのが定番だったが、その後赤チンの処方は化膿する可能性があり、良くない面があると分かったため、人気が急になくなってしまい、今は子どもの擦りむいた箇所に赤チンを塗る親はいない。そういえば、私も赤チンを塗ることにより化膿した経験が何度かある。

昔は体育の時間や部活では、兎跳びをして体を鍛えていたものだが、その後、股関節や膝の関節を痛めてしまう、ろくでもない訓練であるということが分かり、今は兎跳びをさせる指導者はいない。夏場に運動して大量の汗をかいても、「ばてるからなるべく水分を摂るな」と指導されていたが、これも大間違いで、今は頻繁に水分摂取することが常識化している。

このように時代と共に、常識や見解が変化している事例はいくらでもある。しかし、医学の進歩があり、実験データも数多くあるのにかかわらず、何故か間違った観念がそのまま固定化するケースがある。それが放射能に対する常識の中にも潜んでいる。

今、世界中を支配しているのは、遺伝学者のマラーが唱えた「ＬＮＴ仮説」である。それは「当てた放射線量と発生した異常の数は比例する」という実験データに基づいた「放射線量と健康被害が直線的に比例する」というもの。つまり、放射線を少しでも浴びてしまったら、健康被害が発生するという考えだ。この「少しでも」というのがポイントであり、何せ放射線を浴びたら最後、悪害以外ないということになっている。日本政府もＩＣＲＰに批准しているので、その説を政府見解として採用している。

が、しかし、その後多くの専門家が、ＬＮＴ仮説に対して異論を唱えているというのが本当の話なのだ。マラーの実験後、人類は染色体の奥にあるＤＮＡの存在を知り、マラー説が原初的な見解であると唱える学者が現れた。それが米国のＤＮＡ研究・核医学の大御所、マイロン・ポリコープだ。ポリコープは、「ＤＮＡ自体に傷ついた遺伝子を修復する機能が備わっており、人の細胞は1個当たり一日に１００万件も修復活動を行っているから放射線は怖くない」と発表したのだ。

その後、もう一人の放射線の世界的権威で、放射線分子生物学の開祖といわれる、ドイツのルードヴィッヒ・ファイネンデーゲン氏も論文を発表した。それを簡単に要約すると、「活性酸素というのは人間の細胞に酷い悪さをしていて、それによってＤＮＡが損傷・破壊されるけれど、それを治す修復活動は、60兆個もあるすべての細胞の中で、一日1つの細胞あたりで100万件もやっている。そして活性酸素のアタックというのは、自然放射線がやっているアタックの1000万倍もなされている。つまり自然放射線は活性酸素の1000万分の1の悪さしかしていない」「それなのに、何で人はこれほど放射線を恐れるのだ」と論じたのである。

この論文は世界中の科学者に衝撃を与え、その後600人もの専門家をスペインのセビリアに招集して国際会議が開催されるに至った。その場にICRPも出席したが、50年間以上、放射線は有害であると言い続けてきた手前、新しい確かなデータを受け入れることをしなかった。

どの分野も一緒だ。ここにも既得権やら、今までの常識という万里の長城が築かれ、新しい物を受け入れようとしない勢力が陣取り、しかも世界を支配しているのである。

DNAには修復機能があるのだから、今まで何シーベルト浴びたとか、年間何シーベルト浴びたとか、その基準値を設けて、安全、危険を論ずるという考え方自体が間違っているということだ。例えるならバナナ畑の所有者にバナナを100本プレゼントして、しばらくしたらバナナは食べられなくなるだろう、というようなものだ。バナナを収穫し続ける限り、バナナがなくなることはないのにもかかわらず。

マラー説というのは、細胞酵素による修復機能など存在しないことが前提に定められた数値であり、放射線を浴びたら浴びた量だけ体内に蓄積してしまうという解釈から成り立っている。自己修復機能のある放射線被ばく数値と、それをまったく無視して出来上がっている数値には、決定的な開きがある。

結局放射線問題も、体に生まれつき備わっている自然治癒力、自己回復力、自己復元力に行き当たるのである。しかし、どうも自己修復機能がない人間機械論の如く、人間の体が持つ自己修復機能を無視して体を解釈しているところに大きな間違い、いや勘違いがある。

現在の放射線基準値

では、政府の示している放射線被ばく安全基準を示し、その基準の愚かさを断罪することにしよう。「シーベルト」は放射線による人体への影響度合いを表す。１０００マイクロシーベルトで1ミリシーベルト、1000ミリシーベルトで1シーベルトだ。これから読み進めるのに、ここは押さえておいてほしい。

福島では年間20ミリシーベルトを避難指示の基準値と設定したが、放射線は自然界に存在し、自然放射線で世界平均は約2.4ミリシーベルト、日本人は年間2.1ミリシーベルト受けている。

東日本大震災が起こり、「放射線被ばくの年間許容の被ばく量を1ミリシーベルトから20ミリシーベルトにする」と政府は発表したが、東京大学大学院工学系研究科の小佐古氏が「この数値の変更を受け入れられない」「福島の基準はあまりにも過酷」と記者会見で泣いてみせ、就任していた内閣官房参与の職を辞任するという、おかしなというか愚かな事件があった。

東大の専門家であっても、放射線の年間被ばく量を1ミリシーベルトまでと思い込んでいる科学的態度の欠如した変人がいるのだから、よく分かっていない大衆は、何が真実か分からず、心穏やかではいられない。

ここで整理しておこう。上記の数値は、年間で受けても安全な放射線量の基準として政府が決めたものだが、もう一つ、放射線には基準が存在している。その内容は、時間あたりいくらまで受けても大丈夫かというものだ。塩分に例えるなら、年間1袋摂取しても大丈夫だが、一度に1袋の塩分摂取は危険というわけである。そう解釈すれば分かりやすい。

福島の避難地域では、一時的な被ばくは最大でも、1時間あたり1マイクロシーベルト、東京では0・06マイクロシーベルトだ。では、この1マイクロシーベルトは危険な被ばく量かというと、全く問題外の数値であるのだ。

先ほど述べたように、被害を受けた細胞は、修復活動を始め、数時間でもとの細胞に戻るからだ。

1998年、フランス医科学アカデミーのモーリス・チュビアーナが行った実験の結果、「自然放射線の10万倍にあたる、1時間あたり10ミリシーベルトまでなら、どんなに細胞を傷付けられても完全に修復させてしまう」ことが立証された。これは東京の0・06マイクロシーベルトの毎時被ばくと比較すると、実に16万6666倍まで健康被害はないというレベルだ。自然放射線量の毎時基準値の10万倍までならまったく問題ない、と覚えておけばよいだろう。

世間で常識化してしまっている基準値の10万倍の被ばく量でも、細胞の修復作用により問題ないというのだから、放射線被ばくの考え方にいかに開きがあるかということが分かる。もう一度言う。良しとする数値が10万倍違うのだ。

放射線ホルミシスとは

しかも、放射能絶対危険論の定説は、その後、「低線量の放射線であればかえって健康に良い」と発表した、ラッキー論文により一変したのである。

米国の生化学者のトーマス・ラッキーは、NASAの活動に協力していたが、宇宙飛行士が2週間もの間、地上の300倍ものレベルの宇宙放射線を浴びることは体にどんなダメージを与えるかを10年間にわたって調査研究し、その後、論文を1982年に発表して、世界中を驚かせた。

それは当時の放射線に対する定説を覆すもので、「宇宙飛行士は、宇宙に行くと元気になって帰ってくる」「微量の放射線は生命にとって有益である」という内容だった。このことを彼は「放射線ホルミシス」と名付けた。要は、微量の放射線は危険どころか、健康にいいと結論付けたのだ。

どう有益かというと、放射線には、

①免疫機能の向上、②体の活性化、③病気の治癒、④強い体をつくる、⑤若々しい体を保つ、という効果があるというのだ。

微量の放射線は健康を促進し、アンチエイジング機能があり、老化を防ぎ、体を若々しく保つという見解に、世界は衝撃を覚えた。ちなみにラッキー博士は自分のベッドの下に放射線を放射するウラン鉱石を敷いて寝ており、90歳を超えても、放射線ホルミシスによりピンピンしていたという。

日本では20ミリシーベルトでも問題になっているが、米国の学説では「人間にとって最も適切な放射線量は年間１００ミリシーベルトで、良い効果と悪い効果を分ける境目の数値は年間1万ミリシーベルト（10シーベルト）である」と言っているので、相当な見解の相違があるというわけだ。こうなったら、テレビで泣いた東大の小佐古氏など、放射能の専門家のくせに何も分かっていないピエロでしかないということになる。

昔から、ラジウム温泉治療というものがある。鳥取県の三朝温泉、秋田県の玉川温泉などが有名だ。三朝温泉は日本一のラジウム含有量の温泉で、この地域のガン死亡率は全国平均の半分だ。そういった温泉の放射線量は通常の約２００倍もあるというが、健康被害など皆無であり、むしろ健康な人が多く、やはり放射線ホルミシス効果があるのだ。

次に実に面白く説得力のある放射線ホルミシスの事例をあげよう。「１９８２年に台湾の台北に建てられた、約1万人が住んでいる大規模マンションで、鉄筋コンクリートにコバルト60という放射線物質が入っていることが10年後に分かった。放射線レベルの特に高い部屋に住んでいたのは約１０００人で、最初の一年間は最も被ばくが多かった人で、1年間１０００ミリシーベルト（通常の１０００倍）、平均でも５２５ミリシーベルトで、通常の５００倍の放射線量と推測された」「ところがこのマンションに住んでいる人のガンによる死亡者数を調べてみたら、1万人のうちたった7人だった。その7人もマンションに入る前からガン患者だったので、実質はゼロ。台北地域のガン発生率で単純計算すると、1万人いれば200人はガン死亡者が出るはずなのに、このマンションからはガン患者が出なかった」(『「放射能は怖い」のウソ』かざひの文庫)というのだ。

この事例を見ると、慢性的な低線量率放射線の被ばくは、ガン死亡率を低下させることが伺える。よって先人の知恵である「温泉治療」はガン治療に有効だし、免疫力を活性化させるので万病にも効くというのは真実なのだ。

いかがであろうか。放射線というのは無前提で害悪であり、有益ではない、という学説は真っ赤な嘘である。それどころか、微量の放射線は、健康・長寿の秘訣になっているのである。

何故広島・長崎のデータを使わないのか

ここまで述べて、どうしても納得出来ないことが1つある。放射線ホルミシスの事例は枚挙に暇がないが、日本政府はどうして広島・長崎の事例のデータから放射線の安全性を議論しないのか。会議の際にテーブルにも乗ってもいないのではないのだろうか。それは私には、何か都合が悪いことがあり、意図的に避けているようにしか見えないのだ。

広島・長崎の原爆は、瞬間放射線量では福島原発事故の約１８００万倍に達していて、人類が初めて経験した最大の放射線被害であった。それは福島原発事故や、その数百倍規模の放射線の拡散事故のあったチェルノブイリ原発事故とも、比較にもならないほどの放射線被害である。

しかも、その後何十年かの研究データがふんだんにある。正確に述べると40年間にわたり追跡調査が行われており、計8万件もの調査結果が存在しているのである。このようなデータが存在する国は、世界で唯一日本しかないのだ。そこには被爆後の生存者の子ども、更にその子どもというように、3代にもわたり調査をした記録があるが、子孫には、放射線の影響によるガンも奇形もまったくなかった、あるいは証明することが出来なかった。両親の被ばく線量は平均４００ミリシーベルトもあったにもかかわらず。

これだけ重要なデータが日本には何万件もあるのに、脱原発論者たちは、都合が悪いので広島・長崎の調査には一言も触れない。そして、触れずに原発と放射線の危険を喧伝し続けるだけだ。

広島・長崎の原爆は、米軍が有色人種の日本人に行った人体実験である。人体実験である証拠として、ご丁寧にウラン型とプルトニウム型の、異なる2種類の原爆を落としており、その後、現場検証も行われている。それこそ、多大なる損害と犠牲の上にある、その貴重な実験データに蓋をして、声高らかに原発反対を提唱する輩とは一体何なのか。

当時は無論、福島のように「除染」など行われなかった。広島の被災地の住民は、福島原発事故の約１８００万倍の放射線が降り注いだ野菜や果物や米や作物を昨日と同じように食し、放射線に触れた井戸水を飲み、放射能の黒い雨が降った水が海にまで流れ、その影響を受けた牡蠣や魚や貝や海藻を平気で食べていた。

福島は太平洋という外洋に面し、広島は内海に面する海だ。福島近海のほうが、海水の放射能除染の観点から言えば有利だろう。しかし当時、福島の時のようにベクレルを測って福島の魚を食べたら危険だと言った馬鹿はいなかった。いずれにしても福島原発事故の約1800万倍もの放射線量が降り注いだというのに、食物摂取による体内被ばくもまったく問題なかった、あるいは確認されなかったということだ。

よって福島産の魚がまったく売れなくなったのは、マスコミや学者による福島への風評被害によるところが大きい。そして、福島で行っていた除染がいかに空しいことか。「除染は不要」とするＩＣＲＰの勧告を無視して、政府がやっていることも忘れてはならない。頑固なＩＣＲＰでさえも、土壌除染不要と日本政府に勧告しているくらいだから、よっぽど無意味なことに国費をつぎ込み続けている（しかしながら、福島で除染に努力している方々には敬意を表するものである）。

福島では、植物にもホルミシス効果があったことが確認されている。老齢のために数年花が咲かなくなったサボテンの葉は肉厚になり、みるみる茎が太くなり、数年ぶりにつぼみをつけたという。それ以外も、バラが異常にたくさん咲いたという報告も寄せられている。

古い体質のＩＣＲＰ

ＷＨＯのように、ＩＣＲＰは世界中に影響を与えられる機関だが、そこが出している国際勧告には、ここ20年くらいの間に解明された数々の事実が反映されていないし、ＤＮＡ修復についてはまったく反映されていない。このように、意固地な信頼の置けない機関であり、今も90年以上前のショウジョウバエ実験の研究データに基づいて基準を決めているというシーラカンスのような機関でしかない。

大勢の放射線学者からも「ＩＣＲＰは、多くの組織と勧告が正反対のため、新しい見通しを持った国際勧告を発する組織を作ることが望ましい」と愛想を尽かされているほどである。

しかもトドメは、マラーの実験後に分かったことなのだが、ショウジョウバエの精子は修復活動をしないことが判明しているのだ。つまり、そんな特殊な修復活動をしない昆虫を、偶然にも使って実験した、かび臭く、真実性に乏しいデータを基に、現在のＩＣＲＰ

の放射線の危険数値の基準はつくられているのである。

しかも、数多くの科学者が20年以上にわたって立証してきたデータに目もくれないというのだから、世界情勢が激変しているにもかかわらず、70年前にＧＨＱに押し付けられた憲法を一行も変えない、どこかの国と体質がよく似ている。

放射線は「量」の問題である

結局、放射線は体に有害かどうかという問題は、何でも放射線は有害という、頭から決め込んだ立場で見るのではなく、放射線を浴びる「量」から考えることが大切だ。医療の分野では、「量」により害にもなり薬にもなるということが真相ではなかろうか。インフルエンザの予防注射も天然痘のワクチンのジェンナーの種痘でも、軽い感染をして抗体をつくるという、予防医学からきている。そこにあるのは「量」の問題である。量を上回れば発病してしまい「悪」になるものが、「量」を加減することにより、それは「薬」になるということが真実だ。

今まで述べてきたように、放射線も微量なら様々な放射線ホルミシス効果があり、健康促進をしたりアンチエイジング機能があったり、ガン治療に効果的であったりする。調べたら、日本でも布団に敷く微量放射線ホルミシスシートまで販売されている。「自宅で気軽に出来る長時間低線量放射浴を可能にしたパットです。寝ながら森林浴・温泉浴」「綿生地に天然放射鉱石を微粉末加工してプリント」「カラダの免疫力向上と老化を抑える低線量放射」などとうたい文句が並べられて、堂々と放射線を発する敷布団シートが販売されている。このように微量放射線を健康に使っている企業や勢力もあるのだ。しかし得てして、少数勢力なのだが。

ウラン鉱石などはめったやたらと手に入らないので、健康オタクの私が即注文したのは言うまでもない。使ってみたらぽかぽかして、実にあったかい。これは効いている感じがする。これで毎日、被ばくが出来る！

放射線の害を無前提に批判している人たちは、全部この「量」を無視して不毛な議論をしている。

そして、放射線の知識など皆無な大衆は、訳が分からず、「放射線＝害」というイメージを持ってしまい、放射線の健康活用の可能性を閉ざしてしまっている。

おそらく低線量の放射線を当てたら、トマトやキュウリなどの野菜の成長を促したり、巨大化したりすることが出来ると思う。放射線の分野は、新しい可能性を秘めた未知なる大陸かもしれない。

放射線の恐怖を宣伝する本は数あれど、放射線が怖いというのは嘘、と反論する本も数ある。今回の論考で主に参考にした『「放射線は怖い」のウソ』の著者の服部禎男氏は、「福島は健康被害どころか逆に放射線ホルミシス効果で長寿になるかもしれない」と述べているほどだ。それは一見不謹慎にも聞こえてしまうが、そうでもないデータが存在している。

福島の約１８００万倍の放射線を浴びた、原爆被ばく地である広島の女性、男性の平均寿命がともに、全国平均を上回っている。三大疾患のうちの2つ、ガン・心筋梗塞も全国平均より下だ。しかも、広島市の平均寿命は女性で全国一だ。日本一ということは世界一ということである。

世界一長寿の市、これが「75年間草木も生えない」と言わしめた広島の現在の姿なのだ。

それを最後にお伝えして、本論考を閉じる。

※「放射線」は光の仲間であり、放射線を出す能力を「放射能」といい、放射線を出す物質のことを「放射性物質」という。「放射線」「放射能」「放射性物質」の3つの違いを懐中電灯に例えると、「放射線」は懐中電灯の光、「放射能」は懐中電灯の光を出す能力を指し、懐中電灯そのものは「放射性物質」ということになる。

真実

08 まだ見ぬ「死後の世界」がある

死後の世界の証明

今までも少し触れてきたが、ここから死後の世界、オカルトの話をする。ちょっと古いが、『川口浩探検隊』の一員のつもりで付いてきていただきたい。今まで見たことのない景色を見ることが出来よう。オカルトと呼ばれる世界の中には、「死後の世界」だけではなく、「虫の知らせ」「念力」「念写」「テレパシー」「物体移動」も含まれる。まぁ、不可解なことはすべて「オカルト」として片付けられているのだ。

オカルトとは「隠されたもの」という意味であり、広く一般的に知られているような、「オカルト映画」と呼ばれる、理路整然としていない魑魅魍魎の恐怖の世界のことではなく、むしろ、研究していけばいくほどに、これ以上理路整然とした実在の世界はなく、逆にこの世の方が理路整然としていない世界であることが分かる。それをこれからお見せしよう。

私は、主宰する「男塾」にて政治・経済・軍事・国際外交・財務・歴史・霊的研究を、「経営塾」では経営・ビジネス戦略を、「健康塾」では医学・健康を、そして「男の中の男塾」では大和魂に基づく男の中の男になる人格形成を語っているが、実は最も長く研究している分野は、この霊界であり、もう40年にもなる。なので、霊界研究家として自信をもって語ることが出来る。

「霊界研究家」と名乗った以上、ここで私の略歴に触れておかねばなるまい。丹波哲郎という大スターはよくご存じであろう。彼は映画『007は二度死ぬ』にも出演した国際的スター俳優であり、また、別の側面として「霊界研究家」として広く知られている。50冊以上の霊界著述本を世に出し、代表作の『死者の書』はベストセラーとなった。丹波氏の活動は著書出版だけにおさまらず、映画『大霊界』も製作し、「この世とあの世は地続きである」と、あの世があることを熱心に普及しようと努めた。

まさに、異彩を放つ日本映画史に残る大俳優であった。氏は「私は霊界の宣伝マンであり、俳優となり銀幕のスターになれたのも、私を有名にして、その知名度をもってして霊界を語らせる準備であり、本来の使命は『霊界はある』ということを、あの世のスポークスマンとして語ることである」と生前何度も語っていた。

その丹波哲郎氏と、私は若かりし頃に出会いがあり、運命の歯車が回り出た。私は青年実業家として既に会社経営を始め、順調に事業を伸ばしていたが、すべてを投げ出して馳せ参ぜようと、上京。遂には丹波氏が霊界の研究機関として立ち上げた「来世研究会」の事務局長に抜擢された。その会を運営しながら寝る間も惜しんで霊界研究を続け、私も霊界研究家として、会報誌に毎月『霊界研究』というコーナーで執筆していた。そのような不思議なキャリアを持っている。

丹波哲郎氏のどこに魅力を感じたかというと、まず明るく霊界を語ることが出来るところだ。今はそうでもないが、私の子ども時代は、心霊もののＴＶ番組をよく放送していて、中岡俊哉や宜保愛子などが出演し、オドロオドロした怖い世界を映像で表現していた。好奇心のまま、よくそういった番組を見ていた結果、心霊の世界＝怖い世界というイメージが出来上がっていたが、それを明るく説いたのが丹波氏であった。

しかも、丹波氏の研究姿勢は、世界的な科学者、医学者、大学教授などの社会的ステータスがある人の著書を通して、霊界の存在を究明する手法を用いており、懐疑的な現代人の理性に訴えかける文章になっている。彼はいわゆる霊能者ではない。霊能力を通して霊界を究明した人ではなく、2000冊とも3000冊ともいわれる、主に外国の霊界研究の書の知識の集大成をもって自著を書いていたところに特徴があり、それがまた共感を呼んだ。

師の後を追うのが弟子であり、私もまた膨大な霊界本と格闘し、ある結論を見出した。それは「死んだらあの世はあり、あの世には天国と地獄がある。そして人は転生輪廻し、再び地上に生まれる永遠の生命を持つ生命体だ」というものだ。

普通の人では、「あの世」は見ることも触れることも出来ない、まさしく隠された世界である。地球から何億光年離れた銀河の果ての惑星には、今のロケット科学技術では絶対にたどりつけないように、生きている人間は、「あの世」には行くことは出来ないし、見ることも出来ない。しかし、銀河の果ての惑星とは違い、なんの努力をせずとも、誰しもいつかはその世界に参入することになっていることだけは間違いない。

と、こう書くと、「あの世」があるという前提で書いているので、既に反発する人もいることだろう。知覚出来ないものは「ない」ことであり、人間は死んだら「無」になると信じている人も多い。あえて「信じている」という表現を用いたが、確認出来ない以上、証明出来ない以上、「信じている」ということであるのだが、唯物論者は「信じている」と書くと反発するかもしれない。

人類史上「あの世」がないということを証明出来た人はいない、ということを知っているだろうか。意外に知らないことだろう。いや、その反対に「あの世」があるということを証明した人もいない。次元が異なる世界というのは、その存在を間接的に示すことは出来ても、神様や天使や霊界を取り出して見せられないように、誰にでも分かる形で認知させることは出来ない。そこには次元の壁があり、突破するには「信じる」力がどうしてもいる。

そもそも「証明」にはなじまない世界が「あの世の世界」である。だから、いつまでも「ある」「ない」の議論に終止符を打つことが出来ないでいる。死んで生き返った人、死線を彷復った人の「ニア・デス体験」の証言が数多くあっても、それは「錯覚」「夢」「願望」あるいは「嘘」と決めつけられたりする。

また、世界には「前世を記憶する子どもたち」が多数存在し、「自分は今子どもだが、前世は隣村でジョージという名前で生きていたんだ」と証言し、その調査のためにその村に連れて行ったら、迷わずその家に真っすぐ進み、同一の人物が生きていたことが分かったとしても、それは「トリック」「不可解なこと」と一蹴される。あの世を信じる人でも、それは「不成仏霊の憑依現象であり、転生輪廻の証明にはならない」との見方をして素直に受け入れようとしなかったりする。この類の世界の話というのは、信じる人は信じるが、信じない人は、何を言っても信じない。

「ニア・デス」とは、死んで生き返った人の体験であり、翻訳すると「臨死体験」「近死体験」と言い、世界中にこういった人は、それこそ山ほど存在する。特に医学が発達すればするほどに、ニア・デス体験は余計にその数を増やしていく傾向がある。彼らは、昏睡状態の中で死後の世界を垣間見て、ある共通の証言をし始める。

幼少期に前世を記憶する子どもたちも、これまた多い。特に、転生輪廻の思想の残るところには多数の事例がある。それは、親が信じているから、子どもの証言をまともに信じ、その後、その裏付けのための追跡までしたりするからに他ならない。

こういったことも、あの世がある「間接的証明」だが、全人類を納得させるところまではいかないようだ。無論、エジプト文明のように、あの世の存在など当然とされた文明も存在したが、現代文明は「知」の文明であり、そういったことに懐疑的な色彩が強い、「モノ」が強い科学万能信仰文明と言えよう。

エジソンは晩年、「霊界通信機」を発明しようと研究していたようだが、いつか、それが完成し売り出され、死者と自由自在に通信出来るようになったとしても、霊界そのものを「見る」ことは出来ない。

しかし人類史上、「神がいて、あの世があり、天国地獄がある」と、主張する人がいなくなった時代はない。宗教家はいつも、衆生に神の世界である「あの世」の存在を熱心に説き、神の世界の法則を説き、善悪を説き、伝道し続けた。その歴史が人類の歴史と言ってよい。

霊界の存在と、その延長線上にもう一つの論議として、「転生輪廻」の思想がある。キリスト教圏ではこの思想は薄く、仏教思想にはそれが色濃く反映されている。それは、教祖の説いた「教え」により、その後の宗教の色彩が異なっているからだ。

さて、ここまでを前置きとして、皆さんの理性と知性に訴えて、「あの世」の存在を証明することに挑もうとするのが今回のテーマである。この「理性」と「知性」に訴えて、というところがミソだ。「鰯の頭も信心から」的な手法は取らない。出来るだけ、皆さんが信頼する科学者、医学者という、尊敬される人にもご登場願いながら、「確かにあるかも」と思ってもらえるよう案内する。

あの世とこの世は次元の異なる世界だけに、中にはどうしても、それを突破出来るエドガー・ケイシーのような「霊能者」や、今であればノーベル賞を何個も受賞しているであろうスウェーデンボルグという、科学者・神学者・哲学者であり、生きながらにして自由自在に霊界とこの世を行き来した巨大霊能者である特殊な人にも登場してもらわないと限界もあるので、彼らの能力に頼るところもある。

では、桜大志が皆様全員を死後の世界に案内しよう。

人はいつか必ず死ぬ

生きとし生けるものはいずれ滅びる。人類史上、生まれて死ななかった人などいない。自然科学上の真理として、生物である以上、死を免れることは出来ない。

動物は生命の危機を察知する鋭い能力を持っている。どの動物も生命の危機が近づくと、すべからく危険回避の動きをとる。ところが、彼らは「死」そのものを知らない。「死とはいかなるものか」を知らない。いや、おそらく「死」を意識してもいない。生殖活動は「本能」であり、「死」を意識して、自分の子孫を残そうと行っているものではあるまい。

ところが人間はどうだろう。危険に対しては無頓着かつ無防備。文明の進歩と共に、太古にはあったであろう、危険察知能力は消滅してしまっている。30年以内に85％の確率で大地震、大津波が襲うと発表があっても、食糧の備蓄をしたり、防災グッズを買いそろえたりする人は稀だという。

しかし、人は常に「死」を意識し、しかも「死」が確実に近づいていることを知っている。つまり、人間だけは、死ぬことを自覚して生きている。しかし「死」が毎日近づいていることは知りつつも、楽観バイアスがかかり、それを忘れて生きている。「死」は実に忌まわしい出来事であり、そのようなこととは真正面から向き合いたくないので、目をそらして目の前のことで精一杯になるのだ。

だが……。意識しようがしまいが、どんな人にも必ず「死」は訪れる。それは歳の順番というわけでもない。交通事故で、明日命を落とす可能性を否定出来る人はいない。

ハワイ旅行に行くとすると、事前に『るるぶ』を買って、観光名所、グルメ、ホテルなどの情報を調べて旅立つことだろう。未知の地に行くのだから、しかも外国なのだから、なるべく現地情報を得ることに苦心するはずである。ハワイは行かない人もいるので、別にどうしてもハワイの情報を知っておく必要はないが、「死」は必ずいつかやってくるので、霊界の『るるぶ』だけは読み、その世界の実態を知っておくべきだろう。

ハワイは外国であるが、そこはしょせん人間界だ。タンザニアも、シベリアも、モザンビークも人間界だ。しかし、あの世というのは外国どころではなく、次元の異なる、行ったことのない未知なる世界だ。しかも、この世があって、あの世があるのではなく、あの世が先にあって、この世があるというのが真実なので、必ず行くことになる「あの世」の知識が皆無であると、間違いなく困り果てることとなる。

外国語だから言葉が通じなくて困るとか、文化様式が異なるから理解出来ない、どころではない。

人間はこの世に生きているので、どうしてもこの世を主に考えるが、真実は、あの世が主であり、こちらの世界が従である。死んだ瞬間、その事実を目の当たりにし、人生最大のパラドックスを味わうことになるのは、ほぼ間違いがない。

だからあの世の世界の『るるぶ』には、目を通しておいたほうがいい。昔は一家に「あの世の作法」を教え、口伝により伝承する仕組みがあったから助かったのだが、核家族化し、文明化することによって、ほぼ完全に失われてしまい、知識の伝承が途絶えてしまったから、実は危険この上ないのだ。

死の定義

まず人間は、どの時点が「死」なのか分かっていない。臓器が欲しいばかりに「脳死」を「死」と認め、生きている人間から臓器を取り出しているのが現代の医者だ。彼らには、「死」とはどの時点が「死」なのかを明確に定義出来ていない。唯物論的観点からでは「死」の特定は出来ない。

古来、「魂の尾《たまのお》」とか「銀の紐」と呼ばれるものがある。それは肉体とその中に宿っている魂を繋いでいる紐なのだが、そのようなものがあることさえ、現代の医者はまるで知らない。無論、医学部の講義にも登場しないし、試験に出題されることもない。外国では「シルバー・コード」と呼ばれ、世界中で霊視出来た人がいて、その存在を見て語り継いでいる。シャーリー・マクレーンの著書や映画では見事に表現されている。

結論から言うと、「死」とは、この「シルバー・コード」が切れた瞬間を言う。医者には「シルバー・コード」は見えないので、もっと肉体的な反応を通して「死」を確定する。医学的には、心臓及び呼吸の不可逆的停止と、瞳孔の収縮反応停止をもって「死」を定義している。不可逆的停止とは、あらゆる蘇生術を施しても、心臓あるいは肺が自律的に運動を再開しない状態のことを言う。

しかし、「ご臨終です」と「死」を宣言しても、そこから蘇生してくる「ニア・デス」体験者もいるし、もっと酷くなると、葬式の最中に棺桶がガタガタと振動し、棺桶から「死者」が這い出してくるようなことさえある。つまり、現代医学的な「死」は、完璧に間違っているということを物語っている。不可逆的というなら、絶対に「ニア・デス」があってはならない。心臓や呼吸や脳波が停止しても、再び動き出すことがあるということは、「死」の定義にはならないということを暗示しているのだが、医者は思考を停止して、「死」の定義を変えようとはしない。

更に、「脳死」を「死」とする不埒な連中などは気が狂っていると言える。心臓は動いていながら、脳波が停止したとして「死」と断定するのは、明らかに医学的都合でしかない。そこに心臓が鼓動している患者などは存在しないかのように論議を進めて、医学的に都合のいい結論を出しているにしか過ぎない。

「死」とは、肉体を稼働させていた生命体と肉体を結ぶ紐が切れた時と定義すべきで、それ以外に「死」の定義はない。切れたら最後、二度と肉体に戻り、手足をコントロールすることは出来ない。ではそれは、心臓が停止した後の、一体いつなのか。後ほど述べることとしよう。

あの世の世界を証明する、世界の心霊科学

それでは、現代人にも理解出来るよう、科学者、医学者にそろそろ登場願う。これが丹波哲郎式だ。私、桜大志式は、丹波氏の生前の研究成果や事例を紹介しながらも、更に霊界研究を究めた真相を付け加えて語る。霊界研究も科学の世界同様に日進月歩である。日本では心霊科学という学問など、大学に存在しない。世界では当たり前のＵＦＯの研究さえタブーであるのだから、心霊科学など一層おぞましい「学問」なのだろう。しかし、世界では真剣にＵＦＯや宇宙人の研究を、亜流ではなく一流の科学者が進めている。

日本は、オカルト研究の超後進国となってしまっている。米国での心霊科学は日常であり、霊能者によるサイキック犯罪捜査、サイキッカーによる敵基地内部の透視、はたまたサイキック能力による敵ミサイル攻撃の軌道コントロールという軍事的利用など、合理的に使えるものは何でも使うお国柄なので、サイキックは普通に市民権を得ている。

では英国はどうかと言うと、スピリチュアリズムの先進国として君臨している。英国は、あらゆる偏見に対抗出来る確証力を持つ、優れた霊能者を供給することで、世界をリードしてきた。この国のアカデミズムのメッカというべきオックスフォード大学、ケンブリッジ大学では、科学者を中心に２００年以上も前から、組織的に心霊現象の科学的研究が行われている。日本はその世界の研究から決定的に遅れを取ってしまっていることを知るべきだ。

心霊科学を学問としてリードする英国

英国には、一般の教会とは別に「スピリチュアリスト教会」という心霊主義者の集まる教会が各地にあり、ロンドンだけでもその数は60以上といわれている。また、心霊について教える学校組織まであり、ここを訪れる人の数は年間50万にものぼる。学校組織で講座を担当している霊能者には厳しいテストがあり、そのテストに合格して正式に登録されるというのは、この上ない名誉とされているのである。

また「英国心霊現象研究協会」という最高の権威を誇る組織があり、ここではもっぱら科学的な実証研究を集中して行っている。協会のメンバーは、博士号や教授資格を備えた人々ばかりで、彼らの高度な研究には素人の介入する余地はまったくないと言っていいくらいである。

一方、米国ではデューク大学のライン教授が、統計学を使った数学上の新手法を取り入れて、超感覚的知覚や念力の研究を行い、これが超心理学という名称で大学の講座に加えられた。また、米国科学推進協会に加入を認められるという成功まで勝ち得た。さらに多くの学者が懐疑的な態度を取る中、純粋な科学的探究心を持ち続け、精力的な研究を行った結果、ついに超常現象の存在も確認した。

我が子、我が妻の「死」を実験材料にした物理学者

まだまだ、いくらでもある。フランスでの、心霊科学が得た成果について述べておこう。フランスの心霊科学者の第一人者と言ってよい、シャルル・リシェと並んで、死の瞬間を確認することに貢献したのが、同じフランス人で物理学者のアンリー・バラディック博士だ。常々、人間の生命の神秘について関心を持っていた彼を一層のめり込ませたきっかけは、息子の不慮の事故である。

交通事故に遭い、今、もう死の瞬間を待つばかりの息子を前に嘆き悲しんでいた彼は、ふと我に返ってカメラを構えた。我が子の命が消える様を、科学者の立場、観察眼で、記録しようと考えたのである。シャッターを切り続ける彼に、医師は臨終を伝える。バラディック博士は、小さくうなずきながら、なおカメラを向け、数十枚の写真を撮り、直ちに現像した。

焼き上がった印画紙を仔細に観察すると、息子の頭のあたりに水蒸気のような白いモヤ

が写った1枚があったのである。一体、これは何なのだろうか。バラディック博士は、幽体ではないかと推察したが、たった1枚の写真から、明確な答えを引き出すことは出来ない。なんとか確認の方法はないものかと思いあぐねている時に、その機会が再び不幸な形で巡ってきた。

長く病床にあった夫人が、死を迎えたのである。博士は、夫人のベッドサイドに高速度カメラを据え付け、その瞬間を待つ。息子そして妻と、家族2人の死にゆく姿を冷静に観察する男の境地はいかなるものかと想像することも難しいが、科学者としては、彼は大いなる成果を収めたと言っていい。

3分間隔、24時間にわたって撮影されたフィルムには、息子の場合と同じく、白いガス状の球体がはっきりと写っていたのである。臨終後直ちに現れたガス状の球体は、遺体との間を結ぶ細い紐を引いたまま上空に浮遊していた。30分後、死体とガス状の球体を結ぶ糸が切れると同時に、緩やかに上昇していったのである。ちなみに、このフィルムにははっきりと、冒頭で述べた肉体と霊体とを結ぶ紐状のシルバー・コード（魂の尾）が写っている。

「30分後にその紐は切れた」と記されているが、通常は24時間かかる。

2人の死の瞬間に、同じ現象が起きたということは、単なる偶然とは考えにくい。バラディック博士は、幽体＝霊魂の存在を確認し、実験後その成果を物理学の学会で発表した。ところが、その結果はさんたんたるもので、博士は狂人扱いされ、彼の実験はまやかしであると決定付けられてしまったのである。

米国でも行われた霊魂撮影実験

バラディック博士の研究は、学会から抹殺されてしまったが、一方、彼の研究に強い興味を抱く科学者がいた。米国のセント・ジェームス病院に勤務していたキルナー博士もその1人で、バラディック博士の論文発表の翌年にあたる1908年、特殊フィルターを開発してカメラに装着し、何百人という患者たちの死にゆく姿の瞬間を観察、撮影を続けたのである。

その結果は驚くべきもので、すべての患者の死の直前に、不思議な物体、霊気としか説明しようのないものが現れ、次の瞬間にその霊気のようなものはガス体に変わり、肉体から遊離し、さらに球体となってゆっくりと上昇していったのである。この時の記録は現在も、セント・ジェームス病院に貴重な資料として残されている。

霊魂の重量は34〜37グラム？

また、人の霊魂、幽体を、物理学的な重量で測ってみようという動きも出てきた。ドイツでは7人の医師がそれに挑戦して成果を出し、米国でも、ダンカン・アグドーガル医学教授が同様の実験を試みて成果を上げている。アグドーガル教授は、マサチューセッツ州立大学病院の院長であったが、数十人の患者の臨終時に、特殊装置で体重を測ってみたところ、すべての人間が、死と同時に体重が軽くなることを発見した。

その数値は、だいたい34〜37グラムというもので、他のドイツ人グループの測定結果と同じであったが、別にこれは、不思議でも何でもない。科学的な手段を講じれば、等しい結果が出るのが道理というものである。

20世紀初頭、ドイツの7人の医師団は、霊魂測量装置を開発した。またオランダのゼルスト博士、英国のダンセン教授たちは、高周波を利用した撮影装置を発明し、霊魂そのものの撮影に成功した。さらに、ソ連アカデミー生理学研究所でも、特殊な装置での撮影に成功している。

ソ連とは、今の自由化したロシアではなく、共産主義の時代の国であり、すなわち無神論国家として世界のご本尊に君臨していた国だ。そのソ連の研究機関が、その時代に「この世以外の世界（つまり、あの世）が存在する可能性は51％」としたのである。50％ではなく、51％にしたことに意味がある。

単に、可能性が過半数を1％超えたというだけではない。科学の世界は進歩的であるという発想は素人の発想であり、実際はかたくななまでに保守的な世界である。それは医学も物理学も宇宙物理学も皆、スタンスは同じだ。何故なら科学は常に「証明する」という作業を伴うからである。一つの仮説が真実になるためには、きわめて多くの時間と労力を必要とする。

そして、ソ連という国は、唯物史観を金科玉条としていたことから、宗教や信仰と結び付きやすい霊界の存在を認めることなど、文字通り天に唾する行為であったはずだ。国家イデオロギーに反する発表をしようものなら、今の中国、北朝鮮のように拘束され、強制収容所に引っ張られることになる。そんな国が、この世ではない、あの世の存在の可能性を打ち出しているということの意味は、もうお分かりであろう。

このように、唯物論が支配する共産主義国も含めて、世界の国々は、とうの昔に、人間の死を物理的かつ視覚的に確認することに成功している、ということを日本人は知っておく必要がある。このような話題は決して、テレビを通してお茶の間に伝わることはない。現代日本のマスメディアは、残念ながら世界一と言ってよいほど、唯物論的な学問の世界を踏襲するスタンスなので、国民に真実が伝わらないようになっているのである。

タモリさんも信じる心霊の世界

如何であろうか。既述した事実は、何年も前から丹波氏や世界中の研究者が発表していることなのである。あの世、霊の存在を証明する旅への案内は始まったばかりなので、ほんの序章にしか過ぎないものの、私が説く霊界は、決してオドロオドロした世界ではなく、そこには医学者、科学者、教授が随所に登場し、彼らの実験結果を根拠に説得する手法を心得て、その方法で理性に訴え、納得してもらう手法を取っている。

それは丹波哲郎氏ゆずりであることは、言うまでもない。丹波哲郎氏が活躍していた当時のテレビでは、タモリさんなども丹波哲郎氏の物まねをして茶化し、霊界をネタに笑いを取っていた。しかし、１９８５年に科学雑誌『ウータン』の取材で、丹波哲郎氏とタモリさんの対談を、新宿東口側の中村屋の個室を借りて昼食を食べながら行ったことがあり、私はその場に同席し、一緒に対談した経験がある。

その時タモリさんは、「霊界を信じているし、実は私もその筋の本は読んで勉強しているが、キャラクターが崩れるのでそれを公に出せない」と、はっきりと言っていた。「だいれーいーかい」と茶化しまくっていたが、実際はその世界の存在を信じていたのである。また、芸能界は水商売の世界であり、その不安定さから、心霊の世界を信じている人は多いのが実態だ。

丹波氏は持ち前の豪放磊落のキャラで、お茶の間で「霊界」を面白おかしく、楽しく語っていたが、ひとたび、年間50回近く開催していた「霊界講演会」をするとなれば、私が今回語った内容を現代人が納得するよう、現代人が信じる科学者、医学者の実験事例を必ず用いながら紹介していた。今でもフランスの医学者・シャルル・リシェの実験の話をはっきりと思い出す。

どうも日本では「あの世」は裏側の世界であると思われ、陽の当たらないところに追いやられてしまっているが、あの世の世界を語るのは恥ずかしいことでも何でもなく、むしろ先進的な科学談義である。

「男塾」でも、「健康塾」でも、現代では既に牢固とした常識となっていることに挑み、その常識がいかに間違っているかを白昼にさらし、本当はこちらが正しいのである、という新たな真実を示すことに終始してきている。だから「あの世」「心霊科学」の世界も取り上げるにふさわしい領域であると思っている。

心霊科学の劣等生「日本」

英国、ドイツ、フランス、米国、ロシア、オランダは、先進国であると同時に心霊科学先進国でもあり、魂の研究、死後の世界の研究、テレパシーの研究をこぞって真面目に行っており、一つの学問に昇華しているのが現実だ。日本のようにその世界を裏側に封じ込めてはいない。ここにも「日本の常識　世界の非常識」という、竹村健一氏が流行させた言葉が当てはまる。いや、ここにこそ当てはまる、と言ってよい。

しかも、心霊科学の研究に取り組んでいる医師や教授や科学者は一流の人であり、英国においては「英国心霊現象研究協会」なる組織は、最高の権威を得ている。心霊科学は市民権を得ているというどころではなく、最高の権威を得ており、尊敬を集めているのである。日本での事情は、「心霊」と言葉を発するだけで「怪しい」と同義語とされているようだが、実に幼稚で遅れている国であることを知っておいた方がいい。

「心霊」＝「科学」であり、「心霊」＝「眉唾」では決してない。そもそも未知なる世界を探求することを「科学する」と表現するのであり、未知なる死後の世界を探求することは、科学の中の科学である。それを裏側に封じ込め、目に見える世界のみが「ある」世界であり、目に見えない世界は「ない」とする態度は、科学者としての資質に欠けていると言えよう。

世界では、霊魂を撮影し、霊魂の重量まで計測しているし、サイキックパワーを軍事技術に応用することに真剣に取り組み、成果を得ている。そのことを知らないのは、知らない日本人の勝手である。

「霊」「あの世」「テレパシー」「念力」などの、未知の世界、未知のエネルギー、未知のパワーを否定し、常識ぶっている人間は、猿に近いと言える。何故なら、動物は目に見えない神など信じていないし、当然、神の存在を前提にして出来ている宗教や信仰心などがない。つまり、動物や昆虫には信仰はなく、目に見えない世界を信じる能力はない。しかし、人間には神を信じ、未知なる世界を探求する習性があり、それが高度な科学文明を作り上げる原動力となっている。

今、地上に生きている77億人の人類のうち、月の裏側や火星に行ける人はほとんどいないことだろう。しかし、77億人の人類で130年後に生きている人も一人もいない。それは等しく、必ず「死」が訪れるからだ。77億人は火星には行けないだろうが、霊界には死後、確実に「行く」ことになる。そして、心霊科学はこぞって花開き、各国はこの未知なる世界を研究し、その結果、死後の世界の可能性を示唆している。今や、科学は宗教と同じ結論に到達しようとしているのである。

臨死体験は決して幻覚ではない

重い病気で死線を彷徨ったあげく、かろうじて一命を取り留めたという人々に聞くと、「素晴らしいお花畑があって、その向こうから『おいでおいで』、と言う声がした」と、死線を彷徨っていた時の状況を語る。あるいは「三途の川の土手に立っていた死んだ母が、にっこり微笑んで手招きをしていた」また、「三途の川の対岸に親がいて『まだ来るな、地上に帰れ』と言われて、帰ったらベッドにいた」などと証言する。いずれにしろ、一瞬、心地よい世界に引き込まれるらしい。

面白いのは、この世とあの世の境界線は、日本では「川（三途の川）」になり、西洋では「城壁のような壁や門」になり、また別の地域では「湖」になったりする。民族の霊界により生死の境界線の象徴は異なるようだが、それを超えると二度と帰って来ることが出来ない、あの世の境界線があるのは同じである。

「これらの証言は果たして本当なのだろうか」、と思っている人が多かろう。単に、病気でうなされたための幻想なのではないか、夢か幻覚ではないのか、と、いろんな解釈がされるが、その真実のところを探ってみたいと思う。幸い、国内外とも「臨死体験」の事例や、研究書はそれこそ「山」のようにあり、研究しようという意思さえあれば、誰もがいくらでも出来る。

まず、「臨死体験」という言葉がある。「近死体験」「近似死体験」「ニア・デス体験」と同義語だ。ここでは、一番一般化している「臨死体験」と呼ぶことにする。医者が、臨終を告げたにもかかわらず、生き返る状態を言うのだが、こういったケースは決して稀ではない。

医者が臨終を宣告するには、それなりの手続きが必要である。心肺機能と脳機能の停止が死の定義になっているのだから、医者は十二分にそれを確認した上で、時計に目をやり「何時何分、ご臨終です。ご愁傷様です」と、宣言する。ところが臨死体験者というのは、この自分自身の臨終の宣言をはっきり耳にしているのだ。「医者のセリフは皆似たものだから、現実に聞いていなくとも、『聞いた』と言うことが出来る」。そう考える人もいるだろう。

けれども、ベッドの脇にいた近親者、友人たちがどんな態度で、何をしゃべったかまでも知っていたとすれば、死者であるべき人間の五感は正常に働いていたということになる。臨死体験者に聞けば、もちろんそのあたりの事情をはっきり証明することが出来るのだ。

例えばこんな例を丹波氏は『新・死者の書』（ＫＡＤＯＫＡＷＡ）で紹介している。ある資産家が臨終を宣言された瞬間、その場で醜い争いが起こった。子どもたち、さらには愛人たちとの間の財産相続問題なのだが、それを見た医者、顧問弁護士が「いくらなんでも、死者の耳元でするものではありません」と、たしなめた。遺族たちも、その言葉に従って、場所を変えての大論争を展開してる最中に、その資産家がひょっこりと生き返ったのだから、遺族たちの狼狽ぶりはひとかたならぬものがあったに違いない。

せっかく、濡れ手に粟の皮算用をしていたのに、それが水泡に帰するのだから大きなショックであるが、そうはいっても、生き返ってしまったのだから仕方がない。みんな心の内を隠して「よくぞ、生き返ってきてくれました」と口々に言った。だが、皆が大喜びする間もなく、資産家はこう宣言した。「お前たちの話を全部聞いた。私は財産をすべて寄付することに決めたぞ」。

何故別室の話まで、死者であるはずの資産家に聞こえたのだろうか。臨死体験者は、一時的な幽体離脱状態にある。つまり、肉体を離れた幽体は、時空間の一切の制約を受けず、いかなる場所へも行くことが出来るのである。放射線防御用の厚い鉛の壁があろうと、霊魂は一向に構わないのだ。この臨死体験者の見てきた世界はどういうものかと言えば、死者の霊魂が経験する世界と同じということなのだ。

だから「臨死体験者」の証言を研究することにより、「死後の世界」の入り口あたりを解明することが出来る。私は霊界研究に専念していた頃、それこそ数限りなく「臨死体験」の事例と向かいあったり、「臨死体験者」にインタビューしたりした。頭の中にはあらゆる臨死体験のパターンが詰め込まれている。どう否定しようが、死後の生命はあり、死後の生命体が存在しない限り説明不能なことが、オンパレードで登場するのだ。

「臨死体験」の事実は、死後の世界の存在の直接的証明にならないまでも、間接的証明になる。そして、「霊」と言っても、「魂」と言っても、「死後の生命体」と言っても、「エーテル体」と言ってもよいが、「霊」の性質というものも同時に解明していくこととなる。霊の性質とは、肉体人間にはない能力のことであり、それは五感を超越した能力でもある。

空中を飛べたり、一瞬で目的地に移動することが出来たり、どんな物質でも通過出来たり、人の心の中が読めるマインドリーディング能力があったりする。魂になったら、三次元の物質による制約はたちどころになくなり、自由自在になることが出来る。

ではここからは、死後の世界の入り口である「臨死体験」の世界に招待する。

臨死体験者は死後の世界を「忘我の世界」「至福の世界」と語る

「死」というものを、私たち生きている者は、常に傍観者の立場で捉えていることがほとんどであろう。そして、愛する者との別れを悲しむ感情と、死の壁での断末魔の痛みだけが、「死」のイメージにまとわりつく。また、死んだ後はどういう状態に置かれるのかさっぱり分からないので、「死は恐ろしい、なんとか忌まわしい『死』から逃れられないか」と、願うようになるのは、もっともなことである。死から逃れたいという願いは、あの秦の始皇帝が不老不死の薬を探させたほどである。

何といっても「臨死体験」の凄さは、「内部から見る『死』」を垣間見ることが出来る点にである。死線を超えて再び地上に戻ってきた臨死体験者の言葉は何とも重い。それは生きている人間があまりにも「死」を怖がるので、神が「臨死体験」を通して、そっと、あの世をわざと見せているようでもある。そして、数万、数十万、いや数百万かもしれない、臨死体験者は一様に「死の体験は楽しいものであった」と述べている点が印象的だ。

生きている人間にとって、これほど意表を突いたコメントはない。忌み嫌い、出来ればその日が訪れてほしくないと思っている「死」が「楽しいものであった」、とは如何なることか。更に、「楽しい」という表現は穏やかで軽薄過ぎて、「忘我の境地」の方がふさわしいと言うほどだ。「死の入り口に立った時のこの上なく充実した気持ちを、ぴったり表現出来る言葉は見当たらない」と、彼らは言う。

もっと言葉を重ねれば「地上に帰ってきたくなかった。出来ればあの至福の世界に留まりたかった」とも。そして、臨死体験をした面々は、その後等しく人生観が変わっている。それほどの決定的なインパクトを与えられるのだ。

宇宙飛行士も宇宙で人格変貌を起こす

立花隆の『宇宙からの帰還』（中央公論新社）という著書がある。そこには、アポロ計画で宇宙船に乗って宇宙空間を漂ったり、月面に着陸などした宇宙飛行士の、その後の人生のことが書かれているが、この人たちも地球に帰還した後、等しく人生観が激変してしまっている。それは漆黒の宇宙空間の中で「神」を感じ取ったからだという。それはある意味「臨死体験者」と似た体験をしているように思える。

どちらも、人間が踏み込みにくい、遠い世界であることが共通している。宇宙空間を漂ったり、月面に着陸して、月面から地球を見る体験など、１００年前に時計を戻すと、絶対に不可能なことだったはずだ。それは、いったん死後の世界に入って、生き返るのと同じくらい、あり得ない出来事であった。そういった意味で、異次元空間に参入を果たした人間同士、我々の想像を遥かに超えた「何か」を体験し、「何か」を感じ取ったのだろう。

彼らが語るところによると、「死」の実態は、私たち生きている人間が傍観者の立場から想像していたものとは、随分と違うということであり、それは「死」を恐れる必要はないということでもある。臨死体験者は「死」を恐れなくなっているのも共通点であるのだ。

先日、長年の友人がガンで亡くなった。もう死期が確実に近いことが分かっていたので、私は入院している病室で「死後の世界」の話を切々と語った。死んだ直後どうなるのか、どれくらい地上に留まることが可能なのか、この世に執着することなくお迎え人に素直に従って行くこととか、三途の川の渡り方とか、生きる希望を持っている死にいく人に対して失礼ながら教えた。今、亡くなって一カ月半が経過しているので、全部経験していることだろう。彼が「死んだら人間にとって最大の謎が解明出来ますね」と言っていたように、すべてを体験しているはずだ。そして、今は「悔しいが、あの桜の言った通りだった」と、思っていることだろう。これは蛇足だ。

死後の世界があることの慰め

「死」を苦しみ、悲しみと捉えるのではなく、新たな「生」として捉え、この世からあの世への移行と思うようになれば、随分人間の「死」に対する感情は変わることだろう。無論、愛する人との別れは悲しいことには変わりはない。しかしながら実は死者が、この世の修行を立派に務めあげて卒業し、至福の世界に抱かれ、苦しみのない世界に住んでいるのだと思えたなら、愛する者を失った人にとって、どれだけ慰めになることだろうか。

実際、私はこのような経験をしている。「来世研究会事務局」に、ある日このような電話がかかってきた。「丹波哲郎と話したい」と言うが、それは出来ない相談だ。そこでいつものように代わりに話を聞く。すると驚くべき内容をその人は語り出した。「3人目の子がまた3歳で亡くなりました。1人目の子も、2人目の子もカワイイ盛りの3歳で亡くなりました。私は一体どういうカルマを持って生まれたのでしょうか」と言う。無論、電話の先にいるのは母親であり、電話口でずっと泣いている。

このような不幸がこの世にあるのだろうか。凄まじい話であり、絶句するしかない。私は「あの世があること、死んでも死なないこと、あの世にも保育園があり、そこで大事に育てられること」……などなど、知識の限りを尽くして、言葉を贈った。長時間にわたる電話であったが、そのお母さんは「ありがとうございます。安心しました」と言って、幾分落ち着かれて電話を切った。

このような境遇に置かれた母親に対して慰めの言葉はない。しかし、唯一霊的真実だけが、愛する者の「死」を体験している人にとって救いとなる。本来、坊主がそのような役割を果たし、遺族に霊界の真実を語ると共に、死者に引導を渡すことこそが、彼らの職業の本道であるはずなのだが、死者が理解出来ない梵語（サンスクリット語）でお経だけを唱えて去っていく。本当の救いがそこにはない。

突然の交通事故死、愛する配偶者の戦死、両親の病死、祖父の老衰による死、死産、と、あらゆる死が世界中で今日も明日も起き続けるが、キリスト教徒も、イスラム教徒も、ユダヤ教徒も、「死」とは何かを、正確に知る人は少ない。しかし、「死」の向こう側を知ることにより、人生観は一変する。この効果は計り知れないではないか。

私がこのような研究をし続けているのは、最初は真実を知りたいという欲求から始まったものであるが、途中からは真実を知った者として、それを伝えるためだ。それは丹波哲郎氏と同じである。臨死体験から生まれるこのような内面的な死生観は、死に直面している多くの人々や、愛する人の死を耐え忍ばなければならない人々を、どんなに力強く慰め、その悲しみをどんなに和らげてくれるだろうか。それを理解してもらうためには、数多くの事例を提供して、「そんな馬鹿な！」から「本当だろうか？」、そして、「本当かも知れない」、更には、「そうあってほしい」から「そうに違いない」に変化してもらうことが必要だ。そのことを目的に、これから事例を紹介する。

臨死体験のパターン

臨死体験は人によって異なる点もある。細部にわたっては異なる点はあっても、「原型」は類似している。そういった意味では「臨死体験」も科学的である。フルコースの臨死体験をした人の体験談をまとめると次のようになる。

死の淵に立つと、まず、くつろいだ安らかな雰囲気が漂い始め、深い喜びと幸福感が満ちあふれてくる。この幻想的な空気は、時として、濃密になったり希薄になったりするが、体験が深まり進展していく間ずっと、情緒的な基調として存在し、消え去ることはない。その他に肉体的な苦痛などは一切感じない。しばらくすると、かすかなうなり、あるいは風が鳴るような音に気付くが、どんな場合でも、体験者が高いところから自分自身の肉体を見下ろしている。

例えて言えば、どこかの見晴らしの良い地点から眺めているという感じである。この時、彼の目にはありありと情景が映り、耳にはうなり声がはっきり聞こえる。視力も聴力もいつもよりはるかに鋭い。彼にはこの形而下の世界の人たちの行動や会話がよく分かるが、その世界との関係は受け身だから、離れたところからただ見たり聞いたりするだけである。

彼が見聞きすることは、すべて現実とそっくり……というか、現実そのものである。夢や幻とはまったく違っている。頭の状態は実に明快で冴えわたっている。時に、二重意識状態にある自分に気付くこともある。一方では、自分の周りの景観を感知し続け、他方ではもう一つの現実に気付いて、その中に引き込まれていくような気がする。

体が浮上してトンネルのような真っ暗な空間に導かれ、その中でふわりと浮かんでいる。しばらくの間は孤独で寂しい気がするが、ここにはうららかで平安な空気がみなぎっている。すべては静寂そのものの中にあって、分かるのは自分の心がそこにあるということと、空間を浮遊しているらしい、ということだけである。

突然、彼はある存在を感じる……しかし、その姿を見ることが出来ない。その存在は語りかけるようでもあるし、ただ黙って人の心の中にいろいろな考えを起こさせているようでもある。彼は、自分の一生を回顧するようにと指図し、そして、生か死か、どちらを選ぶかを決めるように求められる。この人生の実績調査とも言うべき回顧的自伝は、その人の中からいろいろなエピソードを引き出して、高速のビデオでありありとプレーバックしてくれるから、いとも簡単に終わってしまう。

この段階では、彼には時間や空間の意識はない。時空の観念はまったく無意味である。彼の存在は、もはや彼の肉体によっては確認出来ない。心だけが存在していて、生と死を分けるこの戸口で、彼が直面している選択を、論理的にまた理性的に計算している。この経験を更に続けるべきか、あるいは地上の生命に戻るべきか。

普通、人々の、地上へ戻ろうという選択は、その人自身の意志によって決まるのではなく、その人の死によってこの世に残されるであろう愛する人々が、彼に生還してほしいと願う心が通じるかどうかによって決まるのであると、断言している研究所もある。しかし私は、寿命によって決まるのだろうと思っている。地上に戻ることが決まると、臨死体験は突然のように終わる。しかしながら時には決断が遅れたり、まったく決心がつかないことがある。

こうなると、さらに臨死体験を続けることになる。例えば、暗い空間の中を浮遊し続け、愛、慈悲、寛容の心を放射しながらキラキラと金色に輝いている光の方へと、引き寄せられていく。あるいはまた、「光と不思議な美の世界」に入り、しばらくの間、今は亡き愛する人々と巡りあって、彼らから、「まだ、あなたはここに来る時ではない。人の世に戻りなさい」と告げられる。

地上にある肉体と人の世の生活に戻ることを、自分で選んだか、それとも命ぜられたか、どちらの場合にせよ、彼は生き返る。しかしながら、どのようにして「帰還」したかについては、ほとんど記憶がないのが普通である。でも、ごく稀に、「自分の体に戻ること」は大変な苦痛であったと記憶している者もいるし、その時は、頭から入っていったような気がする、と言う者もいる。

後になって、自分の経験を人に語り明かそうとすると、その時の感情や高尚な知覚を人に伝えるのに適切な言葉が見当たらないことに気付いてびっくりする。また、他の人々に自分の経験を話したくなくなることもあるが、人にあえて話さないのは、自分の経験を本当に理解出来る人はいないだろうと思うからであり、あるいは、人に信じてもらえなかったり、からかわれたりすることを恐れるからでもある。

以上が臨死体験の原型と言うべきものである。

私が取材した、忘れられない「臨死体験」

臨死体験談は国内外問わず数々あるが、私が取材した中で最も印象に残っている体験談を一つ紹介することとする。臨死体験の当事者はもう80歳を超える高齢者であるが、今も健在である。H氏は記憶の糸を手繰り寄せながら、ポツポツと語り始めた。

「今から50年前、当時32歳であった１９７０年の夏の出来事である。この日は8月10日前後であったと思う。正確には覚えていないが、盆休みであった。暑苦しい都会を避け7

～8人の友人たちと兵庫県にあるキャンプ地に、飯盒炊さんを3日間する計画で、車3台で出掛けた。

日頃から都会の蒸し暑い中で生活する若者にとっては、夏こそ自然に最も親しみ得る期間であった。大地にテントを張ってのキャンプには、昼夜の隔てなく、直に自然に触れる喜びがあった。私たちは、炊事の必要上、澄んだ水の流れる清流沿いの涼しい場所を選び、そこにテントを張った。

山の上から見降ろす日本海は、とても美しかった。真っ青な空に白い雲、眼下に広がる青い海には白波が立ち、多少荒れている様にも見えたが、それがかえって美しく雄大で力強さを感じた。多少泳ぎに自信があった私は、山より海に心が引かれた。炊事の役割は、私より若干若い連中たちに任せ、夕刻までには帰る予定で、仲間2人を連れて海に行くべく車で下山した。

海岸に着いたのは、午後の3時は過ぎていたと思うが、定かではない。太陽はまだ熱く燃えていた。そこは一面の砂浜で、海水浴場の雰囲気があったが、現在のような、ピーチパラソルの花が咲くといった光景も、浮輪を抱えた幼な児が走り回る微笑ましい様子もない。ただ高い白波が轟くばかりに打ち寄せ、人の姿はまったくない寂しい海岸であった。連れて来た仲間も、人っ子一人いない砂浜と、その波の凄さに驚き『これじゃ海に入るのは無理だぜ』とつぶやいていた。私もそう思いながら、その波の打ち寄せる海岸を暫く眺めていた。

しかし、よく見ると海岸の右側に多少の岩が幾つかあり、その岩に波がぶつかり割けて白波が高く舞い上がるのが見える。その先端に釣り人がいるようにも思ったので、私は岩に向かおうとしたが、仲間が止めるので、止めて海岸の浅瀬に足を入れた。

すると仲間の一人が『少し沖に出て波乗りでもするか』と言った。もう一人が『止めた方がよいと思うが』と忠告してくれたが、私は無視して海に入った。海水は冷たかったが、10メートルぐらい先の大きな波に腹ばいになり、波乗りを何度か繰り返していると、私は物足りなくなり少し沖に出て、更に大きな波をつかまえ波乗りを楽しもうと思った。が、それが運のつきで悲劇の始まりとなった。

不思議なことに、私の体は沖へ沖へと流されていく。戻ろうと思い必死に泳げども、私の体は逆に沖へ沖へと陸から遠ざかるばかりで、あっという間に遥か沖合まで流されていることに気付いた。陸から離れた沖合の海流が、逆方向へと流れていることに気付いていなかった。慌てて戻ろうと陸に向かって泳げども、遠ざかるばかりで戻れない。気が付くとあの岩場の先端近くまで来ていた。このままでは岩に打ちつけられると思い、必死に岩場から離れたが、波は更に大きくなるばかりで、どうすることも出来ない。次第に体は疲れ、恐怖心が襲う。

そして、その恐怖は数秒後、突然の悲劇となって現実に起こった。目の前に迫ってくる波が、突然高く盛り上がったかと思うと、次に私の体に巻き付き、海面へと突き落とす。浅瀬に打ち寄せる波は、白波となって覆いかぶさってくるが、浅瀬から離れた沖合の波もまた、狂い立つ巨大な怪物のようであった。まるで巨大なクジラの背が一気に盛り上がるように、更にそのうねりが高くなると、私もそれに飲み込まれ、まるで高台から下を見ているようように、元の海岸を遥か下に見降ろすような感じになった。仲間の2人が茫然と私を見つめながら立ち尽くしている姿が、チラッと見える。

しかし、その10メートル以上も盛り上がったように見える波は、今度は一気に谷底深くに落ちるのだ。自分の体は、巨大な波の谷間の中で為す術なく、まるで木葉のようにただ翻弄されているだけである。体は次第に冷えてきて、疲れが急速に早まってくる。それと同時に、恐怖と孤独感に陥る――。

どれくらいの時間が過ぎたのだろうか。極度に疲れ冷え切った体は、次第に手足の動きが鈍くなり、膠着していく。海水が容赦なく喉に押し込まれ、息が出来ず、ただ苦しく、時折、意識が朦朧として眠気さえ覚える。太陽までがくたばり、海の彼方に沈み始めると、思いまでが沈み、目からは苦い涙が音もなく流れ、からくて苦い黒い波間に溶け込んでいく。辺りまでが薄暗くなるにつれ、昔の楽しい思い出や辛かったことが相馬灯の如く蘇ってくは消えていく。自分の無力感と不安感が恐怖感に変わり、絶望感を覚えた。

『あぁ、もう駄目だ。この深い海原の底、この巨大な坩堝の底に、更に一層地獄の底へと自分は沈んでゆくのか？ それとも母なる自然が、この坩堝から命ある者として、私を蘇らせるのか』。このような、なおも生きようと望む無知な妄想に押し潰されそうになりながら、生と死の格闘が続く。

しかし、もう、そんなことはどうでもよい。こうなれば馬鹿意地を張ってジタバタしても仕方がない。早く楽になりたい。もういい、こんなに苦しいのならいっそのこと楽になろう。もはや、誰の責任でもなく、他を怨むこともない。自分は海をナメ過ぎていた。すべては自業自得である。そう思うと気が楽になり、全身の力を抜いて自然体になれた。自分がただの巨大な材木や丸太のようになり、それが波の上で、上下左右に翻弄されているようにも思える。

しかし、人間は不思議なもの、生死の境を越えれば意外と落ち着くもの。死の恐怖など微塵もなくなり、ただ短かった我が人生を思い、後に遺す妻や子ども――当時4歳の娘と、妻のお腹に宿り、2カ月後に生まれるはずの子どもがいたのだが――その姿を見ることなく、あの世に旅立つ無念さと、無責任な自分に後悔さえ覚えていた。そしてついに意識が薄れていく。そして、その後にあるものを見た――。

海の底へ沈んでいく自分の姿を。海水をいっぱい吸い込んで丸太のように重くなり、静かにゆっくり沈んでいく姿を。つまり、それを見下ろすもう一人の自分がいた。そのもう一人の自分は、何の苦しみもなく、ただ茫然と、その状況を眺めていた。

その時、突如として現れたのが、我が妻と4歳になる長女である。そこには波の音もなく、ただ無音状態の中に妻と娘が立っている。その表情は悲しんでいるようでもなく、無言のままで、ただ私を見つめている。

『何故お前たちは、そこに立っているのか、どうしてここへ来たのか。何故私が海に溺れていることを知っているのか』。そう思っても、無言のまま答えは返ってこない。私が両手を伸ばして妻や子どもの手を取ろうとした瞬間、まるで彼らは逃げるように、テレビの画面が上下に揺れて消えるかのようにしていなくなった。それは何秒かのうちの出来事であったようにも思える。

そして次に見たものは、自分の屍が海中深く沈んでいく姿だった。その反対に、もう一人の自分はグングンと上昇し、海面に出るや一直線に空高く昇っていき、大海原と陸地を見下ろした。空へ昇って行く自分と、海中に遺してきたもう一人の自分が、何かで繋がっているような不思議な感覚に襲われたが、よく分からない。繋いでいるものは、釣り糸のようでも、ピアノ線のようでもあり、時折、ピカッと光ったが、それが何か理解出来なかった。

これは後に知ることになるが、肉体と魂を結ぶ「霊子線」、シルバー・コードであった。私は猛スピードで上昇していく自分に不安と恐怖感を覚えた。

そして、次に現れたのが自分の自宅で、私はその真上に戻っていた。直線にして百数十キロの距離を、一瞬にして移動しているのである。『あれ？ これは自分の家ではないか』と思った瞬間、家の中の天井ほどの高さに移動していた。そこで、奥にある八畳間に敷かれた布団の上に寝かされ、顔には白い布がかけられ、手を胸元に組まされた自分の姿を見ることとなる。

『なんだ、これは。下に寝かされているのも自分。それを上から見ているのも自分。何故2人も自分がいるのか？ これは夢か幻か。悪夢か幻想か……』。何が何だかさっぱり分からない。

蒲団に寝かされ、顔に白い布が掛けられた私に対し、手を合わせ涙ぐむ者、声を上げて泣く者もいる。『おい、上を向けよ。私はここにいるではないか。何故私の方を向かない？　何故私を無視する。私の声が聞こえないのか！』と、何度叫んでも、上の私を見る者も、声を聞く者も一人もいない。『何故、何故』と思いつつも、皆が、横たわる遺体に語る言葉は、上の私にも不思議とはっきり伝わってくる。なのに、私の言葉は皆無視され、振り向いてもくれない。一体どうなっているのか？　訳が分からないまま途方に暮れていたと思う。

また、外から駆け付けた友人たちが、玄関に着くや否や、私の前に座り込むも、私の視界がふさがれることはなく、それどころか、家の壁や扉も透けていて、外まで見える。そして私の遺体らしき者に向かって、『おい、何故お前が死ななければならないのだ。何故だ』と泣きながら語る想いや言葉は、すべて私の胸の奥に響き伝わってくるのである。

その逆に、私に意識を向けず関係ない話をボソボソしている場合、その状況が見えていても、よく分からなかった。ただ、面白いのは、私に意識を向けた場合、その人が言葉に出さなくても、心で思っただけのことまで私には分かるのである。例えば『お前が死ぬのを待っていた。ざまぁみやがれ』と、仮にそう思う者がいたとしたら、言葉を発しなくても伝わる。

ということは、死人に向かって迂闊な思いを持つと、それだけでも伝わるということだ。

まあ、このような状況下で、『これはひょっとして、自分はあの海で死んで霊となって帰り、今は魂として、自分の屍を見ているのではないか』と、薄々感じ始めていた。『人間は死んでも魂は死なない。だから、あの世があるのだ』ということを子どもの頃から聞かされていたので、多少なりと信じていたのだと思う。

また、私の縁者たちが遠くから向かって来るのが、家の壁や襖といったすべての物質を通して見えた。さらに、母や妻、子ども、そして親族たちまでが、別の部屋で悲しみの内に身を寄せ、何やらヒソヒソと語っている姿、黒い喪服に着替える者の姿も見える。そうした不思議な現象に、当時は驚きを隠せなかった。

それらを通して、私ははっきりと自分の状況を理解した。その瞬間に、次なる奇跡というか、更なる神秘現象を体験した。

私の遺体が棺桶に納められようとする、その時だった。上からそれを見ている自分は、自宅の屋根をスッと抜け出し、まるで何かに吸い上げられるように、再び空高く、それも猛スピードで上昇していく。

そして眼下には、美しい花が咲き乱れる野原が見え、その先には川が流れているのが見えた。まさしく俗に言う『三途の川』であろうか。その三途の川の畔には多数の人がいたが、それに構うことなく、私は、何故か三途の川を下に見て、対岸の遥か先に眩いばかりに光り輝く、ローマ時代のもののような、西洋風の大きな建物の中へ一気に入っていった。

そこには白い服を着た案内人のような女性(天使かと思われたがよく分からない)がいた。そこは広いロビーのようで、輝くばかりの大理石が敷きつめられた床の上を、ただ案内されるがままに奥へ奥へと進んだ。その先の正面には大きな壁があり、『そこで止まりなさい』と言われた。周りを見ると、かなり多くの人(霊人)が集まってくるのに気付いた。

そこに一人(霊人)が近づき、「ここで、あなたの今世の人生を振り返りましょう」と、壁を指した。その瞬時に、まるで映画のシネマスコープのような大きな映像が現れ、私の一生が走馬灯のように映し出されたのだった。

生まれてから現在(死)までの短い一生が、あっという間、まさに走馬灯のように、時間という感覚では説明がつかない、長くもあり、短くもあり、一瞬でもあるような速さで流れていった。終わってみると、多くの霊人たちが微笑んでいた。私はただ、茫然と立ち尽くしていた。

『何故、自分がここにいるのか、何故自分はこんなところに来ているのか』と、考えていたようにも思う。先ほどまで、自分のための葬儀の準備を見ていたはずなのに……何故、何故……？　そう思った瞬間、再び我が家の奥座敷の天井の高さの位置まで戻っていた。

その時、自分の位置より少し右上、遥か南東方向から強い光が見えた。その光の塊は、白から赤や青へと、様々な色に変化しながらゆっくりゆっくり近づいてくる。

その光はなおも輝きを増し、様々な色が重なり合い、紫色のように見えた。さらに人体の形へと変わった。そして、私のすぐ側、10メートルいや、5～6メートルも近づいただろうか、その姿は、日本神道系の神官姿の老人のようになっていた。真っ白な口髭に、豊かな顎髭を蓄えた老人で、頭に冠をかぶり、手には笏《しゃく》を持っている白装束の神官が、私の正面のやや高い位置に現れたのである。

私は突然の出来事に恐れをなし、慌てていたのであろう。『この人は神かも。神様が私の前に……? いや、そんな馬鹿な』。しかし、その霊人は、微笑んで私を見つめている。どこかで見たことのある顔であったが、思い出せなかった。後に、私の曾祖父が蘭学を学び、医師でありながらその傍らで神官も務めていた、ということを思い出したが、その人であったかどうかは確かではない。いずれにしても、その霊人が、私に何かを告げに来ていると直感的に分かった。

そして彼は、低く透明にして神秘的かつ落ち着き払った声で(口は動いていなかったように思うが)、『お前には、まだ大きな使命が残っている。お前の本当の人生の役割は、その使命は、今までの生業の中にあるのではない』『とてつもない大きな使命が近づいている』『目覚めよ、目覚めよ』『お前の、これからの人生が、本来の約束された人生であり使命であるのだ』『その時期はそう遠くないうちに訪れるであろう。従って、こちらに来るのはまだ早い。さあ、帰りなさい』という、言葉というのか、念というような類のものを送ってきたのである。それは、私の胸の中に熱く響いた。

思わず、私は『待ってくれ。戻れと言うが、私は既に自宅に戻っているではないか。一体どこへ戻ればいいのか？』と言ったが、彼はそれには答えず、ただ微笑み、消えていった。

その瞬間、私は、日が落ち、薄暗い、もとの冷たい海の波の上に漂っていた。これは一体どういうことか、何が何だか分らないまま、ふと気付くと、あれほど荒れていた波は嘘のように静まり、肉体の疲れもそれほど感じていなかった。あれほど遠くに流されていた自分は、いつの間にか海岸の砂浜近くまで戻っていたのだ。『私は生きているのか、それとも夢でも見ているのか』。

しかし、手、足、すべてに感覚がある。『ひょっとして自分は生かされたのか。あの霊人は神様なのか、いや、きっと神様であったのだ。私を助けてくれたのだ。きっとそうであろう。これはまさに奇跡以外にない』。そう思うと、私は力が湧いてきて、陸に向かって泳ぎ出せた。

その時、私の目の前に、浮き輪が付いた一本のロープが投げ込まれ、それに掴まるや否や、一気に引き上げられた。辺りはすっかり暗くなり、たき火がたかれ、村の漁師たちが救助に駆け付けているのか、人の声が聞こえてきた。『あぁ俺は本当に助かったのだ』と、安堵したその瞬間に、また意識が薄れた。

再び意識が戻ったのは、どこの誰かは分らないが、私の胸や腹を何度も繰り返し強く押している時だった。その苦しさで気が付いた。大量に飲み込んだ塩水を吐かそうとしていたのか、それとも人工呼吸をしようとしていたのか。よく分らなかったが、その苦しみに耐えられず、私は『止めてくれ、苦しい……』と低く聞き取りにくい声を出していた(と、後に教えられた)。

私のその次の記憶は、翌朝のものだ。窓から眩しい光が注ぐ病室のベッドの上に、蒼ざめて寝かされていた自分の姿を見た」。

この臨死体験は、私が取材した他のどの臨死体験より圧巻であり、生命の危機に瀕し、未知なる体験をされた状況がありありと思い浮かぶ。それに見事に臨死体験のステップを、文字通りほとんど経験されておられるだけでなく、時空間を超越し、「自分の葬式」という未来にも踏み込んでいるところにユニークさがある。あの世の世界と、この世の世界との「時間」の経過の違いがよく表現されている、特筆すべき希少な臨死体験である。

この方は、大阪で電気工事会社の経営者をされていたが、神からのcalling（召命）もあったのだろう、この臨死体験をきっかけに、その後「宗教家」となり、多くの人々を救う聖業に従事することとなる。臨死体験をした人のその後の人生が変わることはよくあることだが、この人も臨死体験を通して「神」と遭遇し、「己の使命に目覚めた」一人である。

臨死体験者の共通ステップ

臨死体験者の証言の最大公約数をまとめると、次の10ステップを体験するようだ。臨死体験者の共通ステップとは、人類全体の共通ステップでもあるので、この本を読んでいる

「あなた」がいつか必ず経験することでもある。決して他人ごとではない。

いつか必ずやってくる「死」を知らないというのは、人間としての不覚である。「死んだらどうなるか」は死者にとって必要な知識ではなく、生きている人にとって必要な知識である。死者にとってはそれが現実であり、「信じる」というものではない。生きている人にとっての「臨死体験とは何か」の学びが、将来「死」が「あなた」をお迎えに来た時に役立つのである。

そして、「知らない」ばかりに「迷い」、不成仏霊となり、とてつもなく長い期間、この世とあの世の中間（幽界）を徘徊している「死者の先輩」が、それこそ山のように存在する。ゆえに「知っておいて損はない」という程度のものではなく、ひょっとしたら、いや、確実に「あなた」の未来のコースを決定してしまうほど、重要な真実なのである。

あなたは今、肉体生命の危機を迎えているとする。つまり、次のような順序で未知なる体験が始まろうとしている。

①自分の死の宣告を聞く（死んでいるのに、医師の「臨終です」という声がはっきりと聴きとれる）
②安らぎと満ち足りた感覚を味わう（死のイメージとは逆の至福感に浸る）
③肉体から離脱する（肉体と霊の分離が始まる）
④暗いトンネルに入る（私はこれを、次元の壁を超える象徴の現象と解釈している）
⑤光を見る
⑥見たこともない光の世界に入る（いわゆる死後の世界ではあるが、その入り口にあたる「この世」と「あの世」の中間地帯である）
⑦すでに亡くなったはずの近親者と再会する（死んだことを分からせるために死者が登場する）
⑧光そのものである神？　天使？と出会う（あの世があるということは、神の世界は存在するということであり、神の使いもいるということ、それが光である）
⑨生涯の回顧（今世の人生のフラッシュバック）

⑩生と死の境界で意思決定をする（このままあの世にいけば死者となり、それは臨死体験ではなくなってしまう）

誰しもが10の段階をすべて経験するわけではないが、多くの人はこの順番で、未知なる世界で未知なる神秘的な経験をする。そしてその後、臨死体験者は死後の世界に入ることを躊躇し、肉体に戻ったからこそ生き返ったのである。戻ってこなければ「死者」となっている。

臨死体験の共通性が、あの世の存在を立証する

いつか訪れる「死」の時、あなたも間違いなくこの10の段階のいくつか、あるいはすべてを体験することだろうから、覚えておくことを勧めるものである。大事なことなので、何度も繰り返して言う。

「死人に口なし」と言うが、本当は「死人に口はある」。次元が異なる存在になった瞬間か

ら、こういった出来事を地上で生きている人間に伝える術はなくなる。だから生きている人間は、それを知らない。分からない。たとえ知らなくとも、間違いなく、あの世への移行の時にこのような現象が「あなた」の前に現れる。

世界中に「臨死体験者」が存在していることと、彼らの証言には共通性があること。これらを見ると、生きている者に真実を伝え導こうという働きがあると見るべきであろう。誰が働きかけているかというと、神近き存在、それはキリスト教的には「天使」と呼んでも、仏教的には「菩薩」と呼んでも「如来」と呼んでもよいが、彼らが意図的に、臨死体験を通してあの世を垣間見せようとしているのかもしれない。それに、現代医学の蘇生術の発達が、臨死体験者を増やしているのも事実であろう。

臨死体験は、決して今に始まったことではない。世界中には古来、『エジプト死者の書』『チベット死者の書』などがあり、「死後の世界」へのガイダンスをちゃんと行っている。しかしその本を紐解けば、現代人の臨死体験とそっくりだ。死への旅立ちは、今も３０００年前も変わりはしない。現代人はそういった人類の遺産を馬鹿にして、科学万能主義に陥り重要視していないようだが、牧歌的な時代から真実は残されており、疑いから入って合理性を追求するエセ科学者たちが見失ったものが、多々あることを知るべきだろう。

臨死体験が夢や幻覚でない根拠

臨死体験者の94・7％が「自分たちの経験は夢のようなものではなく、間違いなく事実であった」と答えている。そのうちの一人は、夢や幻覚についての専門的な知識を持っている女性精神科医であるが、彼女は「私の判断では、私の経験は、夢でもなければ幻覚でもなかった」と、はっきりと語っている。

それに、精神分析学は夢や幻覚について膨大な資料を持っているが、それと臨死体験を比較した場合、見たことの「鮮明さ」と「共通要素」については、両者ははっきりと区別される。臨死体験は決して夢幻ではないのである。

何度も言うが、臨死体験の「共通性」こそが、それが夢幻ではないことを物語っていると言える。人種、宗教、性別、年齢、地域を超えた多くの人が、何故か共通の「夢幻」を生命の危機の時にこぞって見るということを信じるのなら、その人こそ科学的な思考が出来ない人であると言われても仕方がないだろう。

しかしながら、田中角栄元首相を追い詰め、首相退陣まで追いやった立花隆のような東大出の識者であっても、膨大な臨死体験の研究の結果、「あれは脳の作用」であると結論付け、「あの世などない」とする典型的な現代日本人がいる。こうなればもはや救いようがない。だから、頭から思い込み、また自分なりに熱心に調査した結果、「やはりあの世はない」とする人を、完全に説得することは出来ない。

彼らにはどのような証拠を突きつけても、「それは夢」「それは脳の作用」「それは幻覚」「それは死の恐怖が作り出した願望」と反論してはばからない。中には「心理学」を取り出して、「生命の危機が近づいたことを察知した自我は、安らかで幸せな感覚や肉体離脱感覚、人生のフラッシュバック的回顧によって、その厳しい現実から逃れようとする。明らかな自分の運命から心理的に離脱することによって、自我を防御しようとするのである」と、フロイト流の精神分析で臨死体験を解釈しようとする。最後はここまでいくのだ。

こういった心理学の言うところの「自我感喪失反応」などでは、事態を知らなかった縁者とも出会った(たとえば遠方で事故の知らせがまだ届いていなかった霊となった兄と会ったなどの報告もある)という事実は、到底説明しきれない。

また、「死後も生きたい」という死後の生に対する願望的思考や、心理的期待が臨死体験もたらすという説があるが、これらは臨死体験の権威であるレイモンド・ムーディやキューブラー・ロスに「その仮説こそ願望的思考である」と一蹴されている。

「あの世などあってほしくない」、「目に見えないものなどない」とする、いわゆるガチガチの唯物論者の人々に、百万言を費やして、あの世の存在の事実を説得しようとしても困難を極める。それは左翼朝日新聞に反日を止めさせ、保守回帰させるほど難しいことであろう。

人間の目に見える世界はわずかであり、目に見えない世界の方が大きい

もう少し言を重ねる。「目に見えないモノは信じない、信じられない」という人は、目に

見える範囲のモノの方が大きい、広いと勘違いをしている。では、問う。「紫外線は見えるか？」「電波は見えるか？」「電磁波は見えるか？」「磁力は見えるか？」「電子レンジの電子は見えるか？」「高周波の犬笛は聞こえるか？」「愛は見えるか？」「風は感じることは出来るだろうが、風は見えるか？」「時間はあることは知っているだろうが、時間を取り出して見せることは出来るか？」「銀河の果ての億光年先の星は見えるか？」「未来は見えるか？」「過去は見えるか？」「習近平の腹黒さは視覚として見えるか？」「気功の気が見えるか？」と。どれも見ることは出来ない。

この世には「見えるモノはわずかであり、見えないモノがほとんどである」と、私は思って生きている。「目に見えないモノは、〝存在しない〟のだ」、とする彼らの論理は昔から破綻している。逆に「目に見えないモノの中にこそ、真実が隠されている」「目に見えない世界にこそ、尊い概念がある」ということが正しい。よって「目に見える世界がすべてで、目に見えない世界は信じられない」とする彼らは、見たい世界だけ見ようとする、ご都合主義の人間であると言える。

考え方は自由であるが、両方とも真実ということはない。あの世は「ある」か「ない」かのどちらかであり、どちらも「正解」、あるいはどちらも「不正解」と言うことはない。真実は、「ある」か「ない」か、二つのうち一つであり、どちらかが正解でどちらかが間違っている。「神」も同じ。神は「いる」か「いない」かのどちらかである。そして、このような大切で重要なことは「証明」になじまないということを、既に冒頭で申し上げた。それが「この世」は「この世」であり、「あの世」でないからである。次元の異なる世界は、21世紀初頭の発展途上の科学では証明することに限界がある。しかし、それは「信じる」というさほど難しくもない、非文明人でさえ簡単に出来ていた精神的態度によって、やすやすと越えられる「架橋の理論」である。古代の人々は今ほど科学的な人ではなかっただろうが、「信じる」「信仰する」ことにより、いとも簡単に真実にたどり着いていたのである。よって人類は進化しているようで退化している面もあるのだ。

霊界の「真実」に橋を架けるために、今回のように、臨死体験者の証言を通して探求し、立証していく科学的態度は、現代人を説得するためには外せない労力であるが、ただ「信じる」という素朴な行為で済んでしまうことでもある。

「霊界はある」「人は死んでも死なない」「人間は何度でも生まれ変わる」、そして「天国・地獄はある」。皆さんの代わりに40年間霊界研究をし続けてきた桜大志が保証する。

※桜大志の「男塾」では、霊界研究シリーズの論考を定期的に書き、会員読者に配信している。「まだ見ぬ死後の世界の証明」シリーズは、既に1〜26まで配信済みであり、ゆうに本3冊分の量となっている。霊界論考は桜大志のライフワークでもあるので、死ぬまで続けるつもりである。

第3章

誰も教えてくれなかった

「歴史」の真実

真実09

日本人の民度を低下させたのはＧＨＱ

日本人の素晴らしい精神性

まず、少し歴史を振り返ってみよう。もともと日本人は非常に民度が高かった。渡辺京二氏の『逝きし世の面影』(平凡社)という本によると、日本の子どもは本当に幸せに暮らしており、江戸末期に日本にやってきた外国人は、日本を「子供の楽園」と呼んでいる。

日本の子どもが世界一礼儀正しかったのは、親が手本を示して「江戸しぐさ」(マナー)を教えてきたからである。また、幕末に来日した外国人が、日本人の精神性の高さに驚いて、「紀行文」を書いている。そしてその中に、「この日本の素晴らしい精神性も、やがて日本人は西洋と交わることによって、悪くなる」と予言している。事実そうなった。

日本は幕末以降の日清戦争、日露戦争、第一次世界大戦でも、日本兵の規律・礼儀正しさ、そして精神性の高さを評価され、欧米諸国から一目置かれていた。戦後の自衛隊も同じである。にもかかわらず、日中戦争、大東亜戦争の期間だけは、世界一礼儀正しい天皇の軍隊が、突然残忍になったとされている。その考え方は、論理に無理があるだろうに、それでも信じ続けている。

明治以降の日本の教育理念は他国に例を見ない、非常にバランスのとれたものだった。その精神性の要因は、「教育勅語」にある。戦前の教育の中枢は、教育勅語と大日本帝国憲法にあった。が、大日本帝国憲法さえも、教育勅語に比べれば影が薄いとも言われるほど、教育勅語の内容は素晴らしいものであった。それゆえに、戦前の日本の教育は、教育勅語を根本理念としてきた。教育勅語は繰り返し読まれ、暗記している人は少なくなかった。国民学校（現小学校）3年生になると、暗記することが義務付けられ、これを復唱し、実践道徳の指針ともなっていたが、戦後、ＧＨＱによって廃止されてしまった。

その教育勅語は、我が国の教育の中で、人倫の道の重要性を説き、宗教的真理や道徳の根本理念が定められていた。さらに、「幼学綱要」として、幼童初学から学ぶべき20の徳目があった。「孝行、忠節、和順、友愛、信義、勤学、立志、誠実、仁慈、礼譲」……等々が示されていたという。この徳目の中でも、特に重視されたのは最初の5つ、儒教でいうところの「五倫の教え」であり、これらは後に「教育勅語」の中にも取り入れられた。

これは子どもたちに期待される徳目、品性を明示したものである。このように学制発布以降、儒教主義や宗教思想、西欧思想も取り入れ、我が国の種々の教育観は総合されていった。これが1890年、「教育に関する勅語」として発布される。

明治天皇はこの「幼学綱要」が出来ると大変喜ばれ、宮中でも毎夕食後になると、年少の女官たちを集めて、ご自身で講義されていた。そして「世はいかに開けゆくとも古の国のおきては違へざらなむ」と詠われた。現代語訳すると、「世がいかに変わろうとも、正しい教育を天下に広めたら、我が国が精神的に独立する上でも、世界に恥じないものになるに違いない」という意味だ。

この教育勅語の内容は、外枠としては天皇を中心としての我が国の国体を明らかにし、この国体の精華を教育の基礎とした。その中身は「孝、友、和、信、博愛、学業、知能、徳器、公益、国憲を重んじ一旦急あれば義勇公に奉じる」というもので、ここに我が国の国家観を確立したものである。この教育を受けた戦前の日本人は、世界の多くの人々から、その人間性に対して尊敬の目で見られていた。当時の日本人ほど秩序正しい社会を形成した国はなかった。

日本を弱体化させた米国

ところが、１９４５年に敗戦を迎えた日本は、既に米国では役に立たない教育として衰退期にあった「進歩主義教育」を占領軍によって強制的に導入されたのである。そして今日に至るまで、日本の多くの教育者は、この間違った進歩主義的な教育理念を後生大事に守り通している。その結果、ゆとり教育や、いじめ、家庭内暴力や虐待、登校拒否などの問題が拡大してきた。それなのに、70年代の米国を混乱に陥れた教育の人間観論とも融合させて、今日の日本の教育論の中核としている。これは浅はかで愚かとしか言いようがないのである。

米国で既に誤りであったことが明らかになっている教育理念に、日本はいつまでもかじりついている。従って、日本は戦後の間違った自虐史観を捨てて、日本の誇りを取り戻すべく、新しい理念のもとに、この左翼的教育理念を改革をしてゆかねばならない。

教育は国家百年の計

教育は国防と並んで、国家百年の計といわれる。この意味は、教育の効果や結果というものは、その時ではなく相当後になって現れる、あるいは結実するということ。つまり、私たちが今経験している教育の問題点は、七十数年前に採用された、いわゆる戦後教育の思想や制度に間違いや欠陥があるということだ。そして、そのような教育を受けて成長してきた子どもたちが、今や国民の大半を占める。その結果、教育の生み出した荒廃は目を覆うものがあるが、これは教育の制度、体制によるところが少なくない。

「受験戦争」や「いじめ」、「ゆとり教育」、そして勉強しない大学生は目に余る問題であるが、人格向上や精神の世界を教えるという、本来の教育の機能がまったく働いていないことの問題は非常に大きい。教育問題はまさに、国家百年の計を意味している。今、私たちはそのツケを払わされていると言える。

ＧＨＱによる占領教育

戦後教育の歴史をもう少し具体的に述べてみよう。第二次大戦後、連合軍最高司令官として日本にやってきた、ダグラス・マッカーサーは、武士道に根差した日本人の卓越した精神力を根本的に破壊しようと計画し、戦後教育を通じて着実に実行していった。それが今日の日本人の精神的・道徳的退廃を招いた。

現在の教育制度の基本設計は、敗戦後、マッカーサーの要請で来日した米国教育使節団が描いたものだ。だから当然のことながら、この設計図では、戦前の日本の教育は、国家権威主義的な思想により支配されて、軍国主義を生み出し、あの侵略戦争を引き起こした最大の原因であると断定している。そのような教育を否定して、教育の民主化の名目の下に強制された、米国の対日占領政策であったことは明らかである。

そして戦後日本の「教育の民主化」……と言えば聞こえはいいが、「精神的武装解除」を目指したＧＨＱの占領政策は始まった。それは「伝統文化」・「愛国心」の否定、「歴史」の否定、「道徳」の否定という特徴を持っていた。

教育基本法からは「伝統文化を尊重せよ」という字句が削られ、教科書検閲では愛国心に繋がるものはことごとく排除された。歴史の否定に関しては、戦争への罪悪感を日本人に植え付けるための計画の一環として、「米英は民主主義の善玉、日独伊は全体主義の悪玉」という、米国の史観に基づく太平洋戦争史が書かれ、それを戦後の日本の子どもたちは学んできた。

戦後の教科書には、日清、日露戦争を含めて、侵略戦争という考え方が入っている。これは、ソ連のコミンテルン（共産主義）史観と米国の占領政策が癒着したもので、それを拡大再生産してきたのが「日教組」である。道徳に関しては、修身や教育勅語が否定された。特に、教員組合の根本の部分には、マルクス主義という人を堕落させる甘い誘惑まで入ってきた。結果、自分たちの権益のみを守ろうとする堕落した教師が多くなってきたのだ。

日本は断じて侵略国家ではない。日本が過去に戦った敵国は、いずれも人口、面積で巨大な国家ばかりである。元寇のフビライ・ハンの蒙古も、ロマノフ王朝のロシアも、ルーズベルトの米国も、当時の日本にとっては、象やライオンのような巨大な強国であった。対する日本は蟻やリスのようなおとなしい小国である。この象と蟻の戦いを見て、蟻が象を襲った侵略戦争だと見るのは、あまりにもナンセンスではなかろうか。日本の過去の戦争は、すべて大国から小国日本への侵略戦争であることは明らかである。

日本の敗北は「アジアにおける西欧帝国主義」の終焉を早めた

戦勝国や戦後の左翼的な人たちが、日本を「軍事大国」だとか、「侵略国家」だとか言っているが、まったくの嘘である。もし日本が侵略国家というのであれば、当時の列強（先の大戦の戦勝国）といわれる国々で、侵略国家でなかった国がどこかと聞きたい。

日本は大戦前から、欧米列強からの「アジア植民地の解放」や「白人優位の人種差別政策の撤廃」を訴えてきた。当時、国際連盟設立に当たっても、日本はその規約に、植民地政策の間違いや「人種的差別撤廃提案」と「人種平等の原則条項」を入れるよう、強く主張してきた。

そうした日本の勇気ある主張に、世界の有色人種は日本に大きな期待を抱き、特に「全米の黒人新聞協会」は「我々米国の黒人は講和会議の席上で、人種問題について激しい議論を戦わせている日本に最大の敬意を払うものである」というコメントを発表している。しかし、それらの日本の提案はすべて否決されてしまう。

だが、大戦終結後の１９４８年、国際連合の「世界人権宣言」において、ようやく「人種差別撤廃条約」が採決されたのである。このことについて、ドイツの歴史教科書には「日本のナショナリストや軍国主義者は、黄色人種を白人の支配から解放するために戦争を遂行した」と記載されている。そして「ベトナムやインド、インドネシアなど、欧州諸国に支配されていた植民地諸国による独立運動は、日本の初戦の勝利によって加速した」とも書かれている。

また、英国のサセックス大学のクリストファー・ソーン教授は、自らの著書『太平洋戦争とは何だったのか』（草思社）で、次のように述べている。

「日本は敗北したとはいえ、アジアにおける西欧帝国主義の終焉を早めた」「極東における西欧諸国の略奪的な帝国主義的存在と、日本がアジアの近隣地域を本質的に防衛のために領有するのとでは、両者をはっきり区別すべきである」

実際に大東亜戦争終結後、アジアの国々は独立を果たしている。それなのに戦後教育は、米国自身が抱える「原罪」である人種差別の「奴隷制」を隠蔽するために、米国の都合の良い形で、しかも、米国の使い物にならなかった古い教育を、そのまま日本にも持ってきて現在に至っているのが事実である。

真実

10 日教組と文部省が、日本人の自虐史観を植え付けた

左翼的マルクス主義に染まった日教組の台頭

戦後日本の教育において、もう一方で間違った役割を果たしてきたのが日教組である。戦後設立された日教組（日本教職員組合）は、1951年、先の大戦の反省を踏まえて、「教え子を再び戦場に送るな、青年よ再び銃を取るな」というスローガンを採択した。

このスローガンそのものは穏やかに見えるが、日教組路線の根底には、戦前の歴史と公の精神の否定や階級闘争史観の推進（革命志向）というものがあった。「国家は悪」であり、愛国心などはもっての外であり、日本という共同体に根を張らない「根無し草、無国籍」教育を強力に推進する。この路線は、進歩的文化人と呼ばれる左翼系の文化人や学者、そして一部のマスコミ（朝日）などによって後押しされていく。

このように、日教組は戦後教育の中で、再び生徒を戦場に送らない平和教育を実践しようとしたのであろう。そして戦争を起こすのは国家だから、反国家思想を教育の基本とした。確かに、国家が亡くなれば戦争はなくなるかもしれない。しかし、国家に文化がある以上、その文化を守るための争いはなくならない。

人間は文化の所産であって、生物的存在の所産ではない。かつて、国家のなかったアフリカやアジアにも多くの戦いや殺戮があり、冷戦後、多くの国家が崩壊した。そこで何が起こったかを考えれば分かるであろう。国家によって守られなかったアジア・アフリカの住民の文化は破壊され、侵入者（欧米列強）の略奪と暴虐の世界になってしまった。

人間を動物的本能から守り、文化を守る枠組みを維持するものが国家である。それを日教組教育では教えなかった。即ち、善とは何かを教えなかったのである。

近代日本を貶める政治家の作為

1992年に、宮澤政権下の加藤紘一官房長官が「従軍慰安婦問題」を取り上げ、政府の関与があったと「官房長官談話」を発表。そして1993年に誕生した細川政権では、総理自身によって、先の戦争は「侵略戦争」であったと発表した。それに追い打ちをかけるように、「河野談話」の他、1995年には「村山談話」で「南京大虐殺」や「従軍慰安婦」を取り上げた。しかしこれらは、歴史的事実として証拠のない風評を、政府が公式見解としたものである。

戦後教育の果実の象徴と言ってもよい、この売国奴の政治家連中は謝罪外交を続け、結果、中韓に付け入る隙をつくり、今でも大きな外交問題となったまま賠償問題にまで発展し、ある企業に至っては、有罪判決が出て損害賠償を強いられようとしていたり、政府は従軍慰安婦問題にケリをつけるために10億円を拠出したりしている。その結果、先の大東亜戦争で亡くなられた約300万人の英霊とその遺族に対して許しがたき罪悪感を、戦後に生きた我が国の国民に対していわれなき自虐史観を押し付けたことを、政府として反省すべきである。

こうした背景には、思春期の多感な中学生に与えられた教科書があることを想像すると、暗澹たる思いを禁じ得ない。凄まじいばかりの暗黒史観・自虐史観・反日史観のオンパレードである。

それは、古くは1950年代のマルクス主義歴史学の通説を1982年以後の左翼的リベラル政権下の「謝罪外交」史観で補強したものである。ほとんどの教科書の近代史述は、日本を糾弾し、日本の近代史を汚辱に満ちたものとして描き出す、悪意にあふれている。そして各教科書の近代史の記述全体を通して見ると、「教育出版」の教科書はその自虐性・反日性において他より抜きん出ている。

そこで保守勢力が正史に基づいた「新しい歴史教科書をつくる会」を結成し、まともな教科書をつくり、普及しようと試みたが、皇国史観に基づいた「扶桑社」版は、あまりにも右寄り過ぎる（まったく右寄りではなく、まだまだ左寄りだが）と、ほとんどの学校で採用されずにいる。残念なことだ。しかし、「育鵬社」の教科書は7％近く普及してきており、時代が少しずつ変わってきているという兆しもある。一般市民が教科書を自由に手に入れて、自らの子どもが使う教科書を手に取って検討出来る制約的仕組みを早急につくるべきである。

こんな教科書では歴史を学べない

１９９７年4月から使われた、日本文教出版の小中学校社会科歴史分野の教科書に、日本軍の残虐行為を伝える左上のような中国の壁画が添えられた。その図柄はこうだ。「半裸にされて柱に後ろ手に縛り付けられた中国人の女性の片方の乳房を、日本軍の兵士が短刀でえぐり取り、血がしたたり落ちている。右側には、この女性の子どもと思われる赤ん坊が転がっていて、それを兵士が足蹴りをしている」。これが中学校の教科書ばかりか、小学校の教科書にすら平気で載っているということ自体、まことに驚きである。

出典：新版 私の従軍中国戦線
（村瀬守保著・日本機関紙センター）

未来の日本を背負う子どもたちにこのような教育が堂々と行われていることを親御さんは知っておくべきである。しかし、その親御さんたちもまた、同じ教育を受けて大人になってしまっているのだから、もはや、どこにも歯止めはない。親から教育し直さない限り、根本解決に至らない状態である。国家百年の計である「教育」を誤ったなら、修正するのにも最低で2ジェネレーションの長い歳月を要する。

日本軍が多くの生命を奪い、中国の人々に大きな被害を与えたことについてのイメージを、小学生はこの絵によって決定的に焼き付けられるのである。だが、これは事実ではないし、あくまで壁画だ。とはいえ、これは、確実に日本に対する憎しみを駆り立てる政治的な目的を持ったプロパガンダである。本当に酷いものである。

女性の乳房を短刀でえぐり取るという悪魔的所業は、中国の革命の歴史で日常的に行われた行為であるし、ベトナム戦争で韓国軍の猛虎隊の兵士や米軍兵士が、ベトナムの農村部の女性に為したことだ。しかし、規律正しい日本軍においてこのようなことは為されていない。

この教科書を外国のジャーナリストに見せると、例外なく「意外だ。信じられない」と言う。オランダの記者は「ドイツ・ナチスの残忍さを批判する記述は教科書に出てくるが、そのために、この種の残忍な絵を教科書に載せるということは絶対にない」と言った。よくよく考えなくとも分かることだが、子どもにこのような絵を見せることは、子どもの精神を傷つけることであり、教材として不適切だ。日本人自身がこんな絵を率先して教科書に載せるのは、世界中からもまともとは思われていない。「自虐史観もいいところだ」と彼は言ったそうだ。これにはオランダの記者に限らず、どの記者も驚いていた。戦勝国の米国から来た記者でさえ、この残忍なイラストを教科書に載せることを当然であるとする、日本国内の反日主義者と同じ発言をする人は一人もいなかった。日本人として実に実に恥ずかしいことであり、慚愧の念に堪えない。

史実の捏造をもとにした教育

既に触れたが、1996年6月に、1997年4月から使用される中学校教科書の文部省による検定結果が公表された。そのうち社会科・歴史分野の教科書全7社に「従軍慰安婦」の記述が登場した。教科書の記述の一部ではこのように書かれている。

「朝鮮・台湾に徴兵制をしき、多くの朝鮮人、中国人が軍隊に入れられた。また女性を慰安婦として従軍させ、ひどい扱いをした」「戦後50年が過ぎた現在（1994年当時）戦争被害の補償を求めるアジアの人々の声は、今までになく高まっている。そこには、元従軍慰安婦、虐殺、強制連行、強制労働、の被害者などが含まれている」

「従軍」という言葉は存在しなかった

これはまさに誤った言葉を教える教育である。そもそも「従軍慰安婦」なる言葉は、戦前には存在していなかった。従軍看護婦、従軍記者、従軍僧侶などは存在したが。「従軍」という言葉は、「軍属」という正式な身分を示す言葉であり、軍から給与を支給されていた。慰安婦はそういう存在ではなく、民間の売春業者（韓国人）が連れ歩く、兵士を顧客とした民間人である。この従軍慰安婦については、すでに事実無根であったことが判明している。

そもそも従軍慰安婦の発端は、自分が朝鮮で強制連行したという日本人の証言である。吉田清治という男の著書『私の戦争犯罪・朝鮮人強制連行』（三一書房）がその「証言」である。しかし、その本はすでに、その虚構性が完全に暴露されており、このような資料に基づいて強制連行があったかのように教えるのは、いわば史実の捏造を基にした教育を行うことを意味する。

子どもの人格を破壊させる教育

そもそも、学校教育で慰安婦を取り上げることは教育的に意味がない。ましてや、13、14歳の中学生に、人間の暗部を早熟的に暴いて見せても特に得るものはない。人によれば、暗部に目をふさぐべきではないという議論もあるが、そういう類の知識は、大人になる過程で子どもが自然と身につけるものである。学校教育といった限られた時間の中で、それも教室で、教科書にまで載せて、教師が教えなければならない事柄では断じてない。

この意味でも、慰安婦を取り上げた教科書のすべての記述は、教科用図書検定基準の第二章の次の項に違反している。

「図書の内容は、その使用される学年の児童又は生徒の心身の発達段階に適応しており

（以下省略）」

このように文科省検定済み教科書のような形で慰安婦を取り上げることは、無益であるだけではなく極めて有害である。それは日本人が他国民に比べて世界でも稀な好色・淫乱で愚かな国民であると教えることを意味する。そういう根本的に誤ったことを、人生の大切な時期にある中学生の脳裏に刻み込ませるのであるから、この重大さ、破廉恥さが何故分からないのであろうか。

既に日本の若者は、自国への誇りを失い、大学生でも「日本人であることが恥ずかしい」という意識になっている。現行の教科書による授業で歴史を教わった中学生は、「日本は世界で一番悪い国」だという感想を書いている。

文部科学大臣はこうした結果を見て罪の意識すら持っていない。文科省というのは一体何のために存在しているのだろうか？　江戸時代なら切腹か断首の刑に値する。何度も言う。断じて教科書に「慰安婦」はいらない。それに、吉田清治本人さえも、後に自身の本の内容が創作であったと証言しているのだから、本来は子どもたちにそのことを説明する必要があるはずなのに、それもやっていない。

教職員組合「日教組」の罪は大きい

それと同時に否定出来ないことは、文科省だけではなく、教職員組合である「日教組」が米国生まれの戦後教育の思想や制度を利用して学校現場を支配し、戦後の政治の潮流として、大きな影響を与えてきた事実である。政治的に特定のイデオロギーを信奉する彼らが推進した政治活動は、教育権が国にあるのか、教師にあるのかを巡って文部省との間で不毛な神学論争を生み出し、当初は厳しい対立抗争を続けてきた。

さらに、２０１０年の道教組（全北海道教職員組合）の事件に見るように、北海道では学校教育に関して問題が多い。国政選挙などで教師が熱心に選挙活動をしたり、候補者に組合から不正に資金を提供したりなど、教育より自分たちの地位の安泰や安定を考え、将来自分たちが不利にならないようにすることばかりに力を注ぐ。子どもたちの将来の育成などまったく考えていない。まさに道教組は学校教育におけるガン細胞である。

教育とは先生によって随分と結果に差が出る。教師は、生徒に対して一生を貫く影響を与えかねない存在なので、どんな教師と出会うかということは、生徒にとって大きな問題である。今では日教組の全国的な組織率が大きく低下したものの、その傾向性は今も相変わらずだ。今日、教育問題を考えるに際して、この様な不幸な歴史的な過去が現実としてあることを先ず認めねばならない。

ゆとり教育は大きな間違い

もう一つ申し上げたいのは「ゆとり教育」についてである。米国では1970年代に教育を自由化したが、1975年に「基本に帰れ」という国民運動が巻き起こった。日本は、それとは逆にゆとり教育に移っていった。実は、ゆとり教育は「教師にもゆとりを」という労働の論理から始まったのである。

朝日新聞を中心とする「ゆとり教育」を推進しようという報道が、1990年代に盛んに行われた。詰め込み教育や学歴競争で子どもたちが圧迫されている。そのため「いじめ」

や「不登校」が起こり、「ゆとり教育」が必要だ、という議論が展開された。これは教育分野での左翼主義独特の「格差批判」と言える。そしてそれが報道だけではなく、実際に政策として実行された。1992年に文部省（当時）の寺脇研氏が「脱偏差値」を宣言し、学力競争を否定する改革に着手した。

こうして2002年に大幅に削減した新学習指導要領が実施され、「ゆとり教育」が本格化したのであった。その結果、子どもたちの学力は低下の一途をたどった。2003年には、生徒の学習到達度調査における全参加国中、科学、続解力、数学、いずれも日本は世界の1位、2位グループであったのが、「ゆとり教育」後は、科学が6位、読解力が10位、数学が15位と大きく後退してしまった。従って、「ゆとり教育」が大切だと言って楽をしたツケが、日本の国際競争力の低下となって表れたのである。明らかに誤った教育指針であったのに、文科省は未だその責任を取ろうとはしない。

現在でも、教育の問題点としてよく指摘されるのは、数年来、問題視された「ゆとり教育」の弊害や国際的な学力比較に現れた子どもたちの学力低下、さらに、「家庭崩壊」と同根の

「学級・学校崩壊」。また、これらに関連して多発する「いじめ」、「家庭内暴力」、「虐待事件」といったものだ。現在の我が国の社会が抱える病理現象の最たるものとして、表面化している異常現象である。

勿論、学力低下の問題は、将来の日本の活力維持の点から重大な問題であることは否定出来ないが、それ以上に、国家や社会そのものの存在にとって、最も憂慮すべき最大の問題は、子ども達の規律・規範意識の衰退であろう。物事の善悪が分からなくなってきていることである。子どもの世界は大人社会の縮図とよく言われるが、これは、我が国の社会に広がっている、秩序感覚や規範意識、精神性の衰退を反映しており、社会の基礎的な共同体である家族の崩壊にも深く関連している。無論、この様な社会的病理現象を生み出してきた原因や背景は単純ではないし、それらが複合的に影響し合っていることは明らかである。従って、教育を変えればすぐ問題が解決すると言った単純な問題ではないのも事実だ。

しかし、戦後教育75年の負の影響は明々白々である。戦後教育の底流にある子どもたちの個性や自主性尊重、平等主義や競争排除といった理念が、結果として、行き過ぎた個人主義、平等主義や利己主義に繋がり、社会の秩序を支える公の理念や道徳、あるいは、宗教的な価値を教えることを忌避してきたことに、深く関係していることは否定出来ない。

この状況を打破するためには、日本の長い歴史の中で、育まれてきた価値観、道徳、宗教的真理といった、本来、日本人が持っていた日本人像を発展させ、新たに保守すべき価値を創造する必要がある。さらに教育は、これまでの文部科学省や日教組に見られる押し付けではなく、個人の自由と人格を最大限に尊重する中で、それを高めるための国家・社会の建設に努力することを教えるものでなければならない。即ち、自由を尊重しながらも、人間には高貴なる者の義務(ノブレス・オブリージュ)を果たそうとする、公のために役立つ人間に育てていくことを目的としなければならない。要するに、次世代の日本人の人格的発展と公のために尽くすことを教育の軸とするものでなければ、教育本来の意味がない。

しかしながら、現在の体制はおよそ正反対である。全体主義の名残の教育体制は、もはや無用の長物になっており、文部科学省や日教組は、単に教育の分野における既得権の維持に陥っている。それ故に教育の多様化、教育の自由化が必要とされる。

立派な校舎を作るのが教育の発展ではないだろう。「松下村塾」や「適塾」が生み出したような人材の養成が必要なのである。これは国民に教育権を戻すことであり、無責任な文部科学省や日教組に任せるものではない。

真実

11 映画『凛として愛』は2日間で上映中止になった

間違った歴史観を植え付けられた日本

『笑いと忘却の書』（集英社）を著したチェコの作家ミラン・クンデラは次のような言葉を登場人物に語らせている。「一国の人々を抹殺するための最後の段階は、その記憶を失わせることである。さらにその歴史を消し去った上で、まったく新しい歴史を捏造し発明して押し付ければ、まもなくその国民は、国の現状についても、その過去についても忘れ始めることになるだろう」。

一国を滅ぼすのは、これが一番確かな方法で、刃物はいらない。西洋人は、近世、アフリカ大陸や南米大陸の原住民を滅ぼすのにこの手を使って多くの国を滅ぼしていった。

さて、米国は大東亜戦争後、占領政策でこの手を使って日本を滅ぼすのに完全に成功した。即ち、占領軍が消し去った歴史が「大東亜戦争史（八紘一宇『大東亜共栄圏の実現』より）」であり、彼らが発明し、新たに注入したのが「太平洋戦争史（侵略、植民地支配、残虐性を日本の三悪と規定）」である。これが、戦後日本を縛り上げた東京裁判史観、自虐史観の基本になってしまった。

それが、反省と謝罪を国是とする卑屈な戦後体制を構築することになり、戦後75年が経過した今も深い影を落とし続け、自国の歴史に対する誇りを失った自虐的な国民（日本人）を生産し続けている。そのコペルニクス的転回をした、捏造された歴史認識を修正するために、私は「男塾」は開塾以来、一貫して本来の正しい歴史認識を伝え続けてきた。その内容は左翼マスコミや日教組が教える捏造された自虐史観に基づく歴史認識と正反対のことばかりだったはずである。しかし、真実は真実、事実は事実。いくら隠しても隠しても、歴史的事実は完全に隠しおおせるものではなく、実際に見聞きした元軍人の証言や保守言論人や歴史学者の努力により語り継がれてきた。

日本は独立自尊のための防衛戦争はしたが、中国や朝鮮半島に侵略戦争を仕掛けたことはない。また、未だ米国民は政府に騙され、誤った歴史認識を持っているようだが、日米戦争を開戦させた「真珠湾攻撃」は、米国の意図で日本に最初の一発を撃たせるために仕向けた罠であって、日本は戦争に引きずり込まれた側である。真珠湾攻撃に至るまでの米国の謀略を歴史の彼方に封じ込め、戦勝国が正義の玉座に座り、戦敗国の言論操作をした破廉恥なものが太平洋戦争史観と呼ばれるものである。歴史の一コマだけを取り上げ、宣戦布告した日本に戦争責任があるとする、実に短絡的、恣意的歴史認識は間違いだ。

戦争に引きずり込ませようとする米国は、日米通商航海条約の一方的破棄による屑鉄などの資源の禁輸、排日移民法の制定による移民日本人への迫害、在米日本資産の凍結、米国主導によるＡＢＣＤ包囲網の形成、そして石油の対日全面輸出禁止、とどめは「ハル・ノート」と呼ばれるハル国務長官からの日本に対する事実上の最後通牒を提示した。

ハル・ノートの内容とは、①日本のシナ全土及び仏印より無条件撤退、②満州政府の否認、③南京国民政権の否認、④日独伊三国同盟の破棄、というものであり、日本が大陸で得たあらゆる権益の破棄であった。

その内容は、東京裁判のパール判事に「モナコやルクセンブルグでさえも米国に対し武器をとって立ったであろう」と言わしめたほど屈辱的なものである。日本側はハル・ノートを事実上の米国の「最後通牒」と受け取った。それまで戦争回避を探ってあらゆる外交努力をしてきたが、ここに至っては大日本帝国政府の「臥薪嘗胆」も限界に達し、戦争突入するしかなくなった。

今の日本人が平和を愛する国民であったように、当時の日本人は今以上に規律正しく、礼儀正しく、信仰心のある民族であった。ある時期だけ国策を誤り、狂ったように戦闘的な集団に豹変し、他国の民族を虐殺し続けたり、女性を性奴隷にするような国民では断じてない。民族の歴史には継続性があるものだ。

すべては、戦後、戦勝国や共産主義勢力が、意図的に日本を貶めるために創作したでためな歴史を本当の歴史と思ってしまっているところに、今の日本人の自信喪失がある。それを延々と70年以上続けてきたのだから、ほぼ完全に洗脳されている状態が今の日本である。

ドイツが仕掛けた戦争である第一次世界大戦も、第二次世界大戦も明らかな「侵略戦争」であるし、国策であったユダヤ人虐殺に至っては、そこに胸を張って言える正義などあろうはずがない。しかし、大東亜戦争はドイツの侵略戦争とまったくあべこべであり、アジアにおける白人支配を終わらせ、アジアの民族を解放させる大儀のある聖戦であった。よって日本とドイツを同列に論じ、悪を退治した連合国という立場を喧伝してきたのは、歴史の捏造、あるいはプロパガンダでしかない。

更に、第二次世界大戦はファシズム（全体主義）対自由主義陣営の戦いであったとする戦争史観も間違いだ。そもそもロシアが連合軍側なのだから何をか言わんやだ。ドイツ・ヒトラー政権とイタリア・ムッソリーニ政権は、確かに全体主義的イデオロギーの基に国家運営をしていたが、我が日本は違う。日本は、大正デモクラシーという言葉が残っているように、早くから選挙型民主主義が根付いていた自由主義国家だった。戦後、米国が日本の国民を解放し、民主主義を教えたとする歴史的見方は嘘である。

日本は防共協定であるドイツ・イタリアとの三国同盟を交わしていたので、都合よく全体主義陣営に組み込まれてしまっているがそうではない。その間違った歴史を払拭し、真実の日本の姿を浮かび上がらせるために、今日も男塾は活動を続けねばなるまい。

映画『凛として愛』

『凛として愛』という映画がある。おそらくほとんどの人は見たことも聞いたこともないことだろう。この映画は２００２年、靖国神社・遊就館で上映されるために製作されたが、政治的圧力により、わずか2日間で上映禁止となった。

この国は英霊を祀る「靖国神社」でさえ、政治的圧力により真実の歴史を告げる映画を封殺するのである。政治的圧力とは、いつもながら御多分に漏れず、中韓からの批判と中韓米に配慮した左翼陣営からの国内圧力である。

映画『凛として愛』は、監督・脚本担当を務めた泉水隆一氏が歴史を丹念に調べあげ、今の保守の論客が訴える中道の正しい日本の歴史を描いたものであり、日本の教科書に掲載されている大嘘の歴史とはまったく異なるものだ。そこに政治的圧力がかかる理由があった。

いずれにしても、その映画は伝説となり、人目に触れることなく、まさしく映画の題名の如く、凛とした愛を放ちながら日陰に咲いている。「日陰に咲いている」と述べたのは、関係者の努力により、ＤＶＤやYouTubeによって日の目を見ることとなったからである（現在ＤＶＤの発売は打ち切られている）。

『凛として愛』は、明治開国以来、日清戦争、日露戦争、満州事変、盧溝橋事件、シナ事変、ＡＢＣＤ包囲網、ハル・ノートなど、大東亜戦争に至るまでの日本が、また日本軍人が、戦ってきた真実の歴史をまとめたドキュメンタリー映画だ。とても涙なくして見れない傑作だ。

この映画製作の経緯は、靖国神社創立１３０年記念事業の一環として本館改修と新館増築にともない「遊就館」で真実のドキュメンタリー映画を上映することとなり、その映画製作を依頼された泉水監督の手により2年の歳月をかけて完成した。ところが、冒頭で既に述べたように、政治的圧力が加わり、たった2日で上映禁止となってしまったのである。

そして泉水監督は失意の中、２０１０年に逝去された。

本来はすべての日本人が、敬い、誇りに思うべき、先人たちの命を懸けた戦いの歴史を汚してしまい、75年が経過した今も、英雄たちに汚名を着せたままである。彼らに未だもって援軍を送らない現代日本に対し、泉水監督は渾身の思いと感謝を込めて、『凛として愛』を製作することにより、本映画を英霊に対する援軍にしようとした。そこには、本映画をすべての日本人に見せ、勇気と誇りを取り戻してもらいたいというメッセージが込められている。

私も、『凛として愛』の映画内容と制作意図に共感し、２０１６年6月3日に鹿児島県の与論島の与論島中央公民館において、全国の塾生を集めて「桜大志の男塾『凛として愛』セミナー」を開催し、本映画の普及に努めた。

私からもお願いする。YouTubeで誰でも見ることが出来るので、是非、真実の大東亜戦争史観を描きたかったこの名作を拝観してもらいたい。日本人なら誰しもがとても涙なくして見れるものではない感動の傑作である。きっとあなたの心を洗い清めてくれることだろう。

もし日本がなかったら……

明治以降の工業立国としての日本の発展繁栄が、経済的繁栄をもたらし、国家国民を豊かにしてきた。そのとてつもない日本の成功モデルを見て、アジア、アフリカ各国の人々は、日本の成功モデルを真似することによって経済成長していった。これは紛れもない事実だ。

英国・フランス・ドイツなど西洋先進国の経済成長は、肌の色も歴史も宗教も異なり、とても簡単に真似ることは難しいが、敗戦時には国土の主要都市はすべからく焦土と化した、アジアの貧しい国々と生活レベルが変わらない貧乏国日本が、マイナスからみるみる奇跡の復興を成したことを目の当たりにして「我々も努力さえしたら、日本のようになれる、豊かになることが出来る」という思いを持てた。

日本という国がなかったら、今世界はどうなっていたのだろうか？　答えは簡単だ。日本がなかったなら、20世紀最大の悪である「人種差別」は間違いなく今も続いていたことだろう。アジア・アフリカの何十億の人々は、欧米諸国に蹂躙され続け、貧しく、苦しい、悲惨な生活を強いられていたことだろう。

私の知人で、アジア支援機構代表理事であり、作家の池間哲郎氏という立派な日本の侍がいる。氏の著書に『世界にもし日本がなかったら』(扶桑社)という名著がある。この本を読めば、勇ましく白人に立ち向かい、蹴散らしてアジアを解放した日本人に、アジアの人々がどれだけ感謝しているか分かるはずだ。

国民が蜂起する武力革命を起こし、宗主国に戦いを挑み、勝利することなどなく、西欧列強は、金のなる木である植民地を自ら手放したり、解放したりはしなかっただろう。オランダはインドネシアからの収益が、GDPの3割を占めていたほどに、植民地によって経済が潤っていた。

それだけではない。戦後、日本の工業立国としての成功がなかったなら、家電製品、車、バイクなど工業製品は、何でも白人国家から高く買っていたことだろう。日本の卓越した、世界に冠たる工業技術により、白人国家を凌駕する高性能な工業製品を作ることが出来た。

それが、価格を押し下げる役割をしたのである。日本というアジアの雄が工業立国として君臨し、西欧先進国の技術力を凌ぐ高性能製品を作ることが出来る国があったからこそ、欧米が有色人種に押し付ける法外な価格が通用しなくなったのである。

かつてアジアの植民地は、欧米の工業製品、農産物を押し付けられ購入せざるを得ない事情を抱えていたが、日本の存在がそれを打破した。よって欧米諸国にとっては、利益を損失させた日本という国ほど忌々しい国はないはずである。

今は中韓・台湾の工業製品が東南アジアに氾濫するようになったが、それは日本の技術の輸出と日本人技術者の指導により、日本化した工業製品を安く作れるようになったからに他ならない。一頃、東南アジア諸国は、どこに行ってもメイドインジャパン製が席捲していたが、彼らの国の繁栄のすべての原点に日本は君臨し、「日本化」が発展途上国を中進国に引き上げる原動力となった。

このように、大東亜戦争中の植民地解放と独立国家への道筋の構築と教育、そして戦後の日本の経済発展モデルが決定的な影響力を与え、彼らに「豊かになる」目標を与えた。そして、日本型経済発展モデルの推進が彼らの生活を一変させ、経済的繁栄を実現していったのは紛れもない事実だ。更に、日本の繁栄による購買力が経済成長を支えたのは言うまでもない。

ジョヨボヨの伝説

インドネシアには「ジョヨボヨ神話」という話が古くから伝えられている。その伝説とはこういった内容だ。「我らが王国は、どこからともなくやってくる白い肌の人に乗っ取られ、長きにわたり苦しむ。そして空から舞い降りてくる黄色い肌の人が助けてくれるであろう。黄色い肌の人も我らの王国を支配するが、それはトウモロコシの寿命と同じくらいである」(要約)。

1942年、「空の神兵」と呼ばれる日本軍の落下傘部隊が空から舞い降り、オランダと戦い、たった9日間で制圧して白人であるオランダ軍を無条件降伏させた。「自分たちと同じ黄色い人種が大きな白人をやっつけて、残虐非道な白人支配からインドネシアの人々を救った」と歓喜の声をあげた。驚くことに歴史は「ジョヨボヨ神話」の通りになったのだ。

オランダ領蘭印（インドネシア）攻略を指揮したのは、今村均陸軍中将（当時）である。今村中将は占領した国や地域の住民から、温厚で高潔なる人物として評価され、敵国の連合軍からも賞賛された偉人だ。今村は戦後、戦犯として裁かれ死刑判決を受けるも、現地住民からの証言や救命願で禁錮10年となり、巣鴨プリズンに送られる。しかし今村中将は「未だ悪環境の南方で服役する元部下のことを考えると、自分だけが東京にいることは出来ない」と、日本兵が収容されているマヌス島刑務所への入所を願い、連合軍はそれを許可した。マッカーサーは今村中将の行動を称賛し「真の武士道に触れた思いだった」と述べている。

350年間も搾取し続け、人を牛馬の如くこき使い、人を人とも思わない扱いをしてきたオランダは、たった9日間で圧倒的な強さを誇った日本軍に白旗を挙げた。実際は9万3000人のオランダ軍だけではなく、5000人の英米豪連合軍も含め、手も足も出なかったのだ。ほんのわずかな期間で白人を蹴散らした日本軍の武勇が、日本敗戦後に再びインドネシアを支配するために戻ってきたオランダと戦う勇気をインドネシア人に授け、独立を勝ち取った。

いや、勇気だけではなく、武器を与え、軍事訓練を施し、戦う方法を日本人は教えた。それだけではない。敗戦後、本土に引き上げれば愛する家族に生きて会えるものを、日本は2000人以上が居残り、オランダを相手に一緒に戦い勝利し、ムルデカ（インドネシア語・マレー語で「独立」）を果たした。インドネシアの今の姿があるのは、旧日本軍が大東亜の理想を掲げてインドネシアに解放軍として進軍していったからである。

東南アジアの他国もそうであったように、同じ肌の色の背の低い日本人が、大柄の白人を蹴散らし、白人が逃げ惑う姿を「見た」ことが、彼らを変えることが出来たのだ。この「見た」ということに、何より意味があった。長年の植民地支配によって、白人には勝つことが出来ないと思っていた東南アジアの同胞を目覚めさせたのは日本の軍事力であった。

英領マレーへの侵攻作戦

マレー半島での日本軍の進軍は、日本海海戦同様、世界戦史上伝説だ。当時マレーシア・

シンガポールは英国の植民地であり、地獄の生活を強いられていた。そんな中、１９４１年12月8日、「マレーの虎」と呼ばれた山下中将率いる日本軍がマレー半島北部に上陸し、コタバルやジットラ・ラインの激戦の後、シンガポールを目指して南進していく。

英国軍はみるみる駆逐されていき、たった55日間で１１００キロを駆け抜け、最南端のジョホール・バル市まで完全制圧する。日本軍としては予想攻略日程を上回る速さで躍進した。それほど初期の日本軍は強く、英国軍を手玉に取った。そして日本兵を「黄色い肌の猿ども」と、馬鹿にしていた英国軍は根性もなく、黄色い日本人に白旗を挙げ集団投降した。

一方、陸軍のマレー半島上陸作戦と連動して、海軍の航空機部隊は、英国の最新鋭の軍艦「プリンス・オブ・ウェールズ」と巡洋戦艦「レバルス」を、一式陸攻の爆撃により撃沈させた。そのニュースを聞き、時の宰相チャーチルは腰を抜かしたというのは有名な話だ。

この「マレー沖海戦」と呼ばれる戦いは、真珠湾攻撃と同様、大艦巨砲主義を覆し、航空機により大型戦艦を撃沈出来ることを証明し、その後の海戦の在り方を一新することとなった。真珠湾攻撃では、遠く離れたハワイ海軍基地の米戦艦を、航空母艦の艦載機による爆撃によりを大量に沈め、マレー沖海戦では、爆撃機により戦闘行動中の最新鋭戦艦を沈めた。

それまでの歴史では、海戦では艦船対艦船の戦いが通例だった。より火力の勝る巨大戦艦が有利であるという、それまでの海戦におけるセオリーを打ち破り、航空母艦・航空機を利用した近代海戦の新しい戦い方の道を開いたのは日本海軍であった。

そして１９４２年2月には遂にはシンガポールに上陸。英国軍はすぐに降伏し「マレー・シンガポール攻略作戦」は成功に終わる。

香港攻略作戦

日本軍は、真珠湾攻撃、マレー半島侵攻作戦と同時に「香港攻略作戦」も始めた。同時に3正面攻撃をしながら、中国本土でも継続戦闘していたのだから当時の大日本帝国陸海軍が如何に勇猛果敢であったかうかがい知れる。

当時の香港は、英国の植民地であり、海軍基地があった。ここでも日本軍は、戦闘開始からわずか18日間で制圧した。開戦時の日本軍の電撃はその勢いのとどまることを知らなかった。その後、香港は終戦まで日本軍の支配が続くこととなる。

フィリピン攻略作戦

当時のフィリピンは、米国の植民地であった。本間雅晴中将率いる日本軍は、首都マニラを作戦開始から3週間で陥落させたが、駐留する米軍は「バターン半島」や「コレヒドール島」などにこもって徹底抗戦を続けたため、フィリピン全土を攻略するのに5カ月を要した。

日本軍に敗れた米軍は、その後オーストラリアに逃げていくこととなるのだが、その時、米軍・フィリピン軍の司令官であったマッカーサーを討つ絶好の機会があったのに、惜しくも逃がしてしまった。マッカーサーは「I shall return.」という有名な言葉を残して逃亡した。決して『ターミネーター』の「I'll be back.」ではない（前者のほうが、より意志の強さが表れている）。

そして蘭印（インドネシア）攻略作戦

マレー半島、フィリピンへの侵攻を経て、最終目標であった蘭印の攻略に着手する。それが冒頭で書いた「ジョヨボヨの伝説」の戦いだ。インドネシアからオランダを追い出して、開戦時の第一目標であった南方資源地帯の確保は達成された。インドネシアの石油資源を確保することによって、日本は継続戦闘能力を得ることが出来た。

このように、大東亜戦争初期の日本軍は実に強かった。米国には、卑怯にも非戦闘員である民間人を狙った原子爆弾という大量破壊兵器の使用によって敗戦はしたものの、日本は日露戦争、日清戦争、第一次世界大戦では勝利したので三勝一敗である。当時のロシア、清国の国力は日本の10倍という大国であり、そうやすやすと勝てる相手ではなかったが、軍神が支配する神国日本は強かった。

ロシアに至っては戦略的最強国であり、ナポレオンやヒトラーであっても歯が立たなかったほどの軍事大国であった。未だロシアは建国以来、米国との冷戦を除けば、敗戦したのはただ一国、日本のみだ。それほどロシアは強い国であり、日露戦争は掛け率でいえば100対1の戦いであり、日露戦争の勝利は、人類史上奇跡的な勝利と言ってよい。

私はかねがね、20世紀の重大事件には、日本による日露戦争勝利が上位に入るべきだと思っている。有色人種が初めて白人を負かしたこの戦いによって、白人支配の文明を終焉させ、人権、平等、民主主義の時代が幕を開け、遂には人種差別を撤廃していく流れをつくる大事件であった。

その後、結果的には破れはしたものの、八紘一宇の思想のもと、大東亜共栄圏構想を描き、アジア・太平洋地域で勇猛果敢に戦った結果が、悪意のもと蛮行を繰り返した白人を追い払い、アジア・アフリカの民を解放していったのは紛れもない事実であり、誇るべき偉業であった。

がしかし、植民地を奪われた腹いせの復讐裁判であった「東京裁判」で、敗者の常として、一切の責任を負うこととなった。事実ならまだしも、南京事件をはじめ、捏造された嘘の歴史を未だに背負わされている。日本は全世界を相手に戦い、敗れた。その戦い、敗れていく過程及び結果において、インド、ビルマ（当時）、マレーなどが英国から、ベトナム、カンボジア、ラオスがフランスから独立した。またフィリピンは、戦勝国の米国から独立を果たした。インドネシアはオランダから独立した。戦争に勝つことなく、独立を果たせるということはない。

大東亜戦争では、日本はヨーロッパ・オーストラリアの白人の国々には負けたことはない。負けたのは米国だけだ。当時の先進国であった英国・オランダ・フランスと戦ったが、勝負にもならないほど圧倒的に強かった。第一次世界大戦でも、アジアから敵国ドイツを一掃した。つまり、日本は英国・オランダ・ドイツ・フランス・オーストラリアと戦い、負けたことはない。無論、韓国、中国に至っては圧倒的な軍事格差があり、日本を打ち負かす国などアジアには存在しなかった。

日本は明治維新の開国以来、わずか50年で、英国・ドイツ・フランス・米国と一緒に国際連盟で五大国と呼ばれるような強国になったが、第二次大戦で破れ、国土は荒廃。にもかかわらず、これまた30年で不死鳥の如く蘇り、米国・西ドイツ・日本の世界三大経済国家に君臨するようになった。不撓不屈の精神を宿し、何度でも這い上がり、繁栄していく姿は、どれだけ世界の発展途上国の国民に対して勇気を与えたか計り知れない。

しばらくすると、工業国西ドイツも抜き去り、一時期は世界の17%のGDPを占める経済大国となり、一人当たりのGDPは、米国を抜いた。当時のGDPはドイツ・フランス・英国の欧州三大国のGDPを足しても日本には敵わなかったほどだ。

その後1990年にバブル崩壊があり、国策を誤り、失われた20年、失われた25年を続けているのは、慚愧の念に堪えない。今回はテーマが異なるのでそこには深入りしないが。

日本は世界中から賞賛されている

私はとにかくにも、日本人に元気になってもらいたいと心から思っている。そこで、あの戦争の意味を知っている、解放されたアジアの人々のみならず、心あるヨーロッパ(白人)の人々からの日本人への「声」に耳を傾けてもらいたい。

「我々、アジア・アフリカの有色民族は、ヨーロッパ人に対して何度となく独立戦争を試みたが、全部失敗した。インドネシアの場合は、３５０年間も失敗が続いた。それなのに、日本軍が米・英・蘭・仏を我々の面前で徹底的に打ちのめしてくれた。我々は、白人の弱体と醜態ぶりを見て、アジア人全部が自信を持ち、独立は近いと知った」。

「一度持った自信は、決して崩壊しない。日本が敗北した時、〝これからの独立戦争は自力で遂行しなければならない。独力でやれば50年はかかる〟と思っていたが、独立は意外にも早く勝ち取ることが出来た。そもそも、大東亜戦争は我々の戦争であり、我々がやらねばならなかった。そして、実は我々の力でやりたかった。それなのに日本にだけ担当させ、少ししかお手伝い出来ず、申し訳なかった」（インドネシアのブン・トモ元情報・宣伝相談）。

１９９１年のオランダ首都・アムステルダムの市長主催の親善パーティーの際のサンティン市長の挨拶は圧巻だ。

「あなた方日本は、先の大戦で負けて、私どもオランダは勝ったのに大敗しました。今、日本は世界1、2位を争う経済大国になりました。戦前、アジアに本国の36倍もの面積の植民地インドネシアがあり、石油等の資源産物で、本国は栄耀栄華を極めていました。今のオランダは、日本の九州と同じ広さの本国だけになりました。あなた方日本は、アジア各地で侵略戦争を起こして申し訳ない、諸民族に大変迷惑をかけたと自分を蔑み、ペコペコ謝罪していますが、これは間違いです」。

「あなた方こそ、自ら血を流して東亜民族を解放し、救い出す、人類最高の良いことをしたのです。あなたの国の人々は過去の歴史の真実を目隠しされて、洗脳されて、悪いことをしたと、自分で悪者になっていますが、ここで歴史を振り返って、真相を見つめる必要があるでしょう。本当は私たち白人が悪いのです。１００年も２００年も前から、競って武力で東亜民族を征服し、自分の領土として勢力下にしました。植民地や属領にされて、長い間奴隷として酷使されていた東亜諸氏を解放し、共に繁栄しようと、遠大にして崇高な理想を掲げて、大東亜共栄圏という旗印で立ち上がったのが、貴国日本だったはずでしょう」。

「本当に悪いのは、侵略して、権力をふるっていた西欧人のほうです。日本は敗戦しましたが、その東亜の解放は実現しました。すなわち、日本軍は戦勝国のすべてを、東亜から追放して終わりました。その結果、アジア諸民族は各々独立を達成しました。日本の功績は偉大です。血を流して戦ったあなた方こそ、最高の功労者です。自分を蔑むのは止めて、堂々と胸を張って、その誇りを取り戻すべきです」。

日本に手を出した国は必ず亡ぶ

最後に、東南アジアの人々の間に伝わるジンクス「日本に手を出した国は必ず亡ぶ」を歴史的に検証して終わりとする。

古くは、フビライが日本に攻めてきたが、2度の神風が吹いて、鎌倉武士は元寇を駆逐した。その後、元は弱国になり、明に滅ぼされた。

日清戦争で清は日本に敗北し、その後、孫文の辛亥革命によって滅んでいった。ロシアも日本に手を出したが、日露戦争で敗れ、ロマノフ王朝は、その後レーニンのロシア革命で滅亡し、ソビエト連邦が誕生した。

そして、第二次世界大戦での米国との戦いだが、戦争という力で日本を完膚なきまで叩きのめしたと思っていたようだが、予想外の痛手を受けた。戦争には勝ったものの、何故か植民地のフィリピンを失い、アジア大陸は共産圏ソ連圏に組み込まれ、アジア大陸への進出という初期の戦争目的を果たすことが出来なかった。その観点からして、米国は日本との戦闘には勝ったものの、ソ連には負けてしまい、日本を挑発した大東亜戦争の収支決算では得るものがなかった。

それだけでは終わらない。日本を打ち負かしたばかりに、日本が死守していた防共線が破れてしまい、米国は米ソ冷戦の苦悩を味わう破目になった。更には、泥沼の朝鮮戦争、ベトナム戦争を戦わざるを得えなくなり、多大な被害をもたらした。米国は勝ったように見えても、ろくな目にあっていない。米国は明らかに戦う相手を間違えたのだ。

逆に日本は、朝鮮戦争、ベトナム戦争により、戦争消費特需が生まれ、戦後の復興を早めることが出来た。再び神風が吹いたわけだ。米国はその後、中東への介入についても、結果的に「負け」続け、遂には財政が疲弊し、世界の警察官を辞めなければならない事態に追い込まれ、隆盛を極めた米国のスーパーパワーは衰退してしまった。

ドラッガーも著書『新しい現実』(ダイヤモンド社)の中で次のように述べている。

「結局最後に勝ったのは日本だった。軍事的には、第二次世界大戦において歴史上もっとも決定的な敗北を決した。しかしその後の推移では、政治的敗北をしたのは西洋のほうだった。日本は西洋をアジアから追い出し、西洋の植民地勢力の権威を失墜させた。その結果、西洋は、西洋化されたアジアとアフリカに対する支配権を放棄せざるを得なくなった」。

東南アジアに伝わるジンクス通り、「神国・日本に手を出した国は滅びの門に立つ」は的中している。つまり、今後長期的スパンで見たら、アメリカはいつか滅んでいくこととなる。その兆候は既にある。

『戦争論』（岩波書店）を著したクラウゼヴィッツは、「戦争の勝敗は個々の戦闘にあるのではなく、戦争目的を果たしたがどうかで決まる」と述べているが、米国との戦争には敗北したものの、大東亜民族の解放という「戦争目的」を達成したので、日本が真の戦勝国であったのである。ただし、冒頭で述べた通り、「その民族の記憶（歴史）を消され、その上に新しい歴史を捏造され、発明して押し付けられた」ことにより、今も大きな代償を払い続けているが……。

現在、国連常任理事国である、米・英・仏・露・中の戦勝国にとって都合のいい、嘘の歴史観が常識化してしまい、日本悪玉論を教科書で教える愚行をしているが、日本の真の復活は、歴史を修正していくところから始まると思うし、また歴史の修正なくして、真の意味での日本の復活はない。男塾がその一助となり、国民啓蒙活動に繋がれば幸いである。私は、日本の真の復活を信ずるものである。

真実 12　日本人とユダヤ人は同じ祖先を持つ

日本人とユダヤ人は同祖

「日ユ同祖論」を知っているだろうか？　これは、一般的には、日本人（縄文人）の祖先が2700年前にアッシリア人に追放されたイスラエルの失われた十支族の一つとする説である。

日本とユダヤは地理的にも随分離れているのに、何故そのような同祖論が生まれたのだろうか。遠く離れた中東の地に根差す民族と極東の地の日本人が、一体、何故関係があるのだろうか？

実は、3000語もの日本語が、ユダヤの言語であるヘブライ語と類似しているという。とても「偶然」では片付かない数字だ。また、「君が代」の歌詞は、そのままヘブライ語読みが可能であり、しかも、国民を奮い立たせる意味となっている不思議を、どう説明出来るのか。他にも、阿波の国・徳島にある山「剣山」に、失われた「アーク（ユダヤの三種の神器が納められているといわれるもの）」があるとされ、実際に戦後統治したＧＨＱが発掘調査を行ったという事実をどう説明するのか。何故、大和の国を象徴する日本神道の総本山であるあの伊勢神宮の７００を超す灯篭に、イスラエルの国旗にある「ダビデの星」が刻まれているのか。

男塾の熱心な賛助会員であるＴ氏は、元一部上場企業社長で、世界を舞台として活躍する一級の超エリートビジネスマンだが、何度もイスラエルを訪れ、各家庭を訪問し、多くのイスラエル人の友人を持っている。そのイスラエル通とも言えるＴ氏が私に、「イスラエル人と日本人はよく似ているんですよね」と会うたびに話してくれる。おのずとユダヤの地に対する関心は高まる。

そのような折、トランプ大統領のエルサレム首都容認発言により、エルサレムは一層世界の注目の地になった。エルサレムは言わずと知れた「ユダヤ教」、「キリスト教」、「イスラム教」の三大宗教の聖地である。しかし、同じエルサレムを聖地と仰ぐ歴史的背景が、３つの宗教の相克を生んでいる。政治の背景には宗教がある。

また、東アジアの火薬庫は北朝鮮だが、中東の火薬庫は複数あるものの、イスラム教が支配している中東の地に、シオニズム運動の名のもと、数千年ぶりにつくられたユダヤ教の人工国家・イスラエルこそが、何といっても本命だろう。その首都であるエルサレムを見ずして、中東情勢を語ってはいけないのかもしれない。無論、孫引きしてでも文書は書けるが、現地に行った者とそうでない者とは違う。

数年前、銀座で行った忘年会の席で、丁度、T氏のお誘いもあり、２０１７年、私はついにイスラエルへ渡航した。自分の目であのイスラエルという国を見たかったのだ。そのための準備の調査に入ったのが前年の暮れ。そして、イスラエルの歴史（旧約聖書そのものがユダヤの歴史だが）を調べていくうちに、いわゆる「ハマった」のだった。これは今の日本人に正確に伝える義務があるという思いに至った。

アブラハムとか、ダビデとか、ソロモン、イサク、ヤコブなどの名前は聞いたことはあるだろうが、彼らがどのような仕事を為し、そしてそれが現代に繋がっているのかということとを、日本人の中でユダヤの歴史として正確に知る人は少ない。旧約聖書には、人類誕生の歴史から始まり、ユダヤの歴史そのものが記されているのだが、キリスト教徒ではない日本人に旧約聖書を熟読した人は少ないことだろう。その片鱗を映画『十戒』、最近ではハリウッド映画の『エクソダス:神と王』などで見た程度の人が多かろう。

ユダヤの歴史とは預言者輩出の歴史であり、イエス、モーゼ、エリア、イザヤ、など綺羅星の如く偉人や英雄や救世主が登場する。ユダヤの歴史の詳細を語ったら、それこそ旧約聖書一冊分になるので、すべては無理だが、本論考が題材とする「日ユ同祖論」が生まれる背景にあったであろう歴史的事実だけは押さえておかねばなるまい。なのでまず、旧約聖書に記されているユダヤ民族の歴史を鳥瞰した後、「日ユ同祖論」に関連する史実を紹介することにしよう。そして、その後、日本人とユダヤ人の異常とも言える共通点を述べる。

旧約聖書におけるユダヤの民の歴史

教養の一部としてユダヤの歴史を知っておくという意味でも、また、ユダヤ人が何故、流浪の民として世界中に散っていかなければならなかったのかということを知るためにも、ユダヤ人の背負っている歴史を「旧約聖書」を通して知っておいて損はないだろう。しかも、それが今の日本人と深く関わっているとするならなおさらである。

ユダヤ教の経典である「旧約聖書」は、神による「天地創造」に始まる。神は、世界を光と闇に分けた。そして、天地をつくり、大地と海、植物と動物、そしてアダムとイブをおつくりになった。何不自由になく暮らしていた2人であったが、蛇にそそのかされて神様から食べてはならないと言われていた楽園の林檎を食べてしまい、楽園を追放される。

「アダムとイブの楽園追放」から時が経ち、その子孫の10代目にあたるのが、あの有名な「ノアの箱舟」の「ノア」である。そして更に時が経ち、イスラエル民族の父祖・アブラハムが登場する。時は紀元前1700年頃であった。「ノア」と「アブラハム」も実在の人物であり、神話として片付けてはならない。というか、アブラハムが神から啓示を受けない限り、イスラエルという国家は出来なかった。

アブラハムは預言者だったので、神であるヤハウェの言葉を聞くことが出来た。そして、神の言葉に従い、肥沃な大地を捨ててカナンの地を目指す。アブラハムの死後は、息子の「イサク」、そして孫にあたる「ヤコブ」へと族長は引継がれていくこととなる。「イサク」と「ヤコブ」、基礎情報として、ここは絶対に押さえておいてもらいたい。

そしてヤコブには12人の息子がいた。ヤコブの12人の息子を祖先とするのが、イスラエル十二支族である。十二支族とはアシェル族、エフライム族、ガド族、ベニヤミン族、イッサカル族、ルベン族、マナセ族、ダン族、ナフタリ族、ゼブルン族、ユダ族、シメオン族に分かれているとされる。

イスラエル十二支族の存在が日本と繋がる「鍵」となるので、彼らの詳細は後ほど言及する。

ちなみにヤコブは、中年期のある出来事をきっかけに「イスラエル」と改名することになる。そのある出来事とは、旧約聖書の創世記32章に記されている、ヤコブが天使と力比べをしたことであり、それが相撲の起源とされる。この時、勝利したのはヤコブであり、神から「イスラエル」という名前を授けられた。格闘が終わると天使は「神と戦い強さを示したのだから、名をヤコブからイスラエルへと変えよ。今後はあらゆる人と戦って勝つだろう」と言ったという。イスラエルとはイスラ・Isra（勝つ者）とエル・el（神）の2つを組み合わせてイスラエル・Israel、つまり「神に勝つ者」、「神の戦士」という意味である。

ヤコブの時代に、カナンの地は飢饉に襲われ、肥沃なエジプトに移住したのだが、後に、子孫はエジプト人の奴隷となる。４００年ほど続いた奴隷時代の後に、紀元前１３００年頃に満を持して、ユダヤの民を解放しカナンの地に導く巨人・モーゼが誕生する。モーゼは神から啓示を受け、12人の支族長の末裔を筆頭に、ユダヤの民族をエジプトから連れ出す。これが有名な「出エジプト」である。

その後モーゼは、海を2つに割ってエジプト軍の軍勢から逃れたりしながら、シナイ山にて、神から「十の戒律」を授かる。これがユダヤ教の教えの基礎となる「十戒」と呼ばれるものである。「十戒」が刻まれたその石板は、ユダヤの三種の神器の一つで、「失われたアーク伝説」と共に、今も行方が分からない。

イスラエル十二支族がシナイ半島を40年間放浪した後、モーゼはカナンの地に到着することなく死に、後継者ヨシュアの時代にカナンの地に定住を始め、200年ほどかけて一帯を征服していく。

それから紀元前1000年頃には、「サウル王」が初代王に即位し、その後、ダビデ、ソロモン王と王位は継承され、ユダヤ民族の黄金期を迎える。サウル王が初代王なので、日本神話では神武天皇の位置づけとなる。ユダヤの歴史は不思議と日本神話とよく似たところがあるので、このように我が国の神話と対比しながら理解するといい。

「ダビデ王」(紀元前1040年~紀元前961年)の時代に「イスラエル王国」として十二支族が一つにされる。がしかし、ダビデ王から王位を継承された「ソロモン王」(紀元前1011年~紀元前931年)の死後、イスラエルは南北に分裂して、サマリアを首都とする十支族による「北イスラエル王国」と、エルサレムを首都にするユダ族、ベニヤミン族の二支族による「南ユダ王国」に分裂する。

ポイントは、イスラエルが2つの国に分裂すること

北イスラエル王国は、紀元前７２２年にアッシリアによって滅ぼされ、十支族のうち指導者層はアッシリアに連行された。この十支族の行方は文書に残されていないため、二支族によって「失われた十支族」と呼ばれていて、その行方を今も探しているが、ユダヤの人々には日本に到着したと考えている人が多い。その史実については後半に述べることとする。

この感覚は「大和の国」開闢以来、外国に滅ぼされたり征服されたことがない日本人には分かりにくいので、付け加えて説明しておこう。例えば、元寇によって九州が占領されてしまい、大和の国発祥の地、天孫降臨の地である「九州民族」の行方が分からなくなっていたとしたなら、現代の日本人もその行方を捜すことだろう。「九州民族は世界のどこの国に逃れ、そして定着したのか？」ということを、追跡したくなることだろう。これと同じと考えたらよい。

いずれにしても、アッシリアによって征服された後、信仰を深めるため信仰を邪魔されない場所に移る過程で、消息不明になったとされる。そして、十支族が様々な土地へと散っていったことは、その後世界中に残る痕跡で証明されている。中国にもアフリカにもその痕跡は残っているし、「我こそは十支族の末裔なり」と名乗りを上げる人々もいる。そして長い年月をかけてシルクロードを通り、日本にもやって来たのではないかといわれているのだ。これこそが、「日ユ同祖論」が唱えられる理由である。

しかしながら、イスラエル全土が滅ぼされたのではなかった。ユダ族等の残り二支族は、「エルサレム」を都として「南ユダ王国」を建国した後、紀元前586年に「新バビロニア」に滅ぼされた。指導者層はバビロンなどへ連行され虜囚となった。これが今に伝えられる「バビロン捕囚」である。

その後、ユダヤ民族は、一層宗教的な繋がりを強め、失ったエルサレムの町と神殿の代わりに律法を心のよりどころとするようになり、神殿宗教であるだけでなく、律法を重んじる宗教としての「ユダヤ教」を確立することになる。

ユダ族等は離散後、「ユダヤ人」と呼ばれるようになった。つまりユダヤの名称は、「イスラエル十二支族」の一支族であった「ユダ族」からきている（ただし前述したように、日本人と同祖とされるのは、イスラエルに残ったユダ族たちではなく、失われた十支族のうちの一つである。また、失われた十支族がいた北イスラエル王国の首都は「サマリア」だったため、サマリア人とも呼ばれていた）。

紀元前539年、今度は、バビロニアがペルシャ帝国によって征服される。その時、ペルシャはユダヤの二支族が再びエルサレムへと帰還することを許す。そして再び、ユダヤ人は元の「イスラエル」に戻っていった。

その後は、救世主イエス・キリストが誕生することにより、新しいユダヤの歴史が始まり「新約聖書」の時代に入っていくのだが、当時のユダヤの人々は、イエスを救世主と認めることなく、罪人と一緒にゴルゴダの丘で十字架に架け処刑する。

ユダヤ人は、エジプトで400年間も奴隷とされ、その後、イスラエルを建国してもアッシリアに滅ぼされ、次にはバビロニアにも滅ぼされるという歴史を背負っているが、

マサダの砦から死海を望む（著者撮影）
悲劇のユダヤ人の歴史は、イエスを十字架に架けることにより、新たな不幸に襲われることとなる。
イエスの死後、西暦70年には遂にローマ軍に滅ぼされ、ユダヤの民はイスラエルという国家を再び失ってしまい、世界中に散らばっていくことになるのであった。その戦いは悲惨なものとなったが、その象徴が伝説の戦跡「マサダの戦い」であり、その悲劇を二度と繰り返さないという誓いを立てたのだ。それが
「マサダは二度と落ちない」である。私もその後マサダを訪れることとなる。
ローマ軍との戦いは悲惨極まりないものであったが、逃れた人々もいた。それはイエスを信じ、イエスを信仰していた一群の人々であった。何故彼らは逃れることが出来たかと言うと、生前イエスは、ローマ軍がユダヤの民を滅ぼしにやって来ることを予言していたからである。
実に長い長いユダヤの歴史を鳥瞰してきた。政治的な動きを中心に追ってきたものなの

で、預言者と呼ばれる系譜に属する人は登場しないのだが、実際にはエゼキエル、ダニエル、エレミヤ、イザヤ、ヨエル、ミカ、ゼカリア、マラキその他にもたくさんの神の言葉を授かる預言者を多数輩出している。ユダヤの歴史は神の歴史であり、実に数奇な運命をたどる民族であることは間違いない。

ユダヤ十二支族

既に「失われた十支族」の歴史を紹介したが、この「失われた十支族」が今回の論題の中心になるので、前ぶりの通り、もう少し詳細について述べておこう。

紀元前928年頃、ユダヤの十二支族が2つに分かれる時代がくる。一つは十二支族の中の十支族で、彼らの国は北イスラエル王国という。もう一つの、残り二支族は、ユダ族とベニヤミン族であったが、彼らの国は南ユダ王国と呼ばれる。

紀元前722年頃、北イスラエル王国の十支族は、首都サマリアをアッシリア軍に攻められ滅ぼされて、イスラエルの地から連れ去られてしまう。ユダ族と、レビ族を含むベニヤミン族は、紀元前597年まで王国として存在し続けたが、やがてアッシリア軍によって国を滅ぼされ、各地に散らされてしまう。

アッシリア軍によって各地に散らされた後も、それぞれの地にあって南ユダ王国のユダ族とベニヤミン族は、2000年間消えることなく存在し続けた。それに対し、最初に散らされた十支族は完全に連絡が途絶え、今日、その存在は「失われた十支族」と呼ばれている。何度も繰り返すが、ここをしっかりと押さえてもらいたい。

その十支族の一部が日本に来た痕跡が日本各地にあるのだが、それは後ほど取り上げることとしよう。いずれにしても、ユダヤ人には「失われた十支族」という歴史があることを知っておいてもらいたい。これがなければ古代史に日本との関連は出てこないだろうから。

ユダヤ人にとって「失われた十支族」への関心は高まるばかりで、1975年に、「失われた十支族」の行方を求めて世界中の国々を調査するユダヤの機関「アミシャーブ」が設立されたほどである。その機関は、ユダヤの痕跡が残る諏訪大社の祭りにも視察に来るほど「日本」に関心を向けているのである。何故か、ユダヤの風習が、伝統が、言語が、至るところに散見されるからに他ならない。

シオンとは

聖書の中で、聖なる都エルサレムには多くの呼び名がある。東京も昔は江戸と呼ばれていたし、鹿児島は薩摩、山口は長州、高知は土佐と呼ばれていたように、時代によって地名は変転するものだ。そして、聖なる地エルサレムの中心的呼び名は「シオン」であった。そしてその名は祈りや祈念、さまざまな徴《しるし》に用いられる。アブラハムやダビデ王の時代から、エルサレムは聖なる地イスラエルの、地理的にも精神的にも中心であったのである。

「シオン」とは、おそらく日本に置きなおすと「大和」であろうかと思う。魏志倭人伝に登場する邪馬台国（ヤマタイコク）は「大和国」（ヤマトコク）がなまったものだという説もあるが、日本の伝統的呼び名は「大和の国」（ヤマトノクニ）である。それと同じくらい思いがある呼び名が、ユダヤの人々にとっては「シオン」なのであろう。その感覚は何となく分かる。

そして、ヒトラーによるユダヤ人大量虐殺が起きた第二次世界大戦の終結後、世界各国に散らばり、国家を持たないながら、世界有数の頭脳と古い伝統を持つユダヤ人たちがシオンに帰還する「イスラエルの地に故郷を再建しよう」という運動を本格化させる。それは19世紀後半から起こる。それが「シオニズム運動」であり、英米の思惑と援助もあり、現在の地に1948年、「イスラエル」というユダヤ国家を建設する。

しかしその地は、2000年ほど留守にしていた間に、パレスチナ人が入植して暮らしていたので、パレスチナの民族を追い出さない限り国家建設を実現出来ない。そこでどうしたかというと、1947年11月29日に「パレスチナ分割決議」が国連でなされ、パレスチナ人を現在のガザ地区に追いやり、故郷の地に建国を果たした。しかし当然、追い出された民族とは怨恨が残り、第一次中東戦争が勃発し、第四次中東戦争まで続いた後、停戦し、現在の混沌とした中東情勢をつくってしまったのである。アラブの地にイスラエルという異教徒の国家がある限り「争いの種」はなくならない。

ここは拙著『男塾』の中東の章「イスラエルに正義はあるか」の項にて詳しく述べている

ので参考にしてもらいたい。ただし、イスラエルの正義を西欧から見る観点で執筆しているので、ユダヤ民族にとっては辛口になっているが、しっかりとイスラエルの歴史を探求した後の今は、歴史的背景を鑑みると正当性もあるように思うに至っているが……。

では、何故、今の地に再び建国せねばならないのか。世界中に散らばったユダヤ人を集めて建国するなら、別にアメリカのネバタ砂漠の一部でもよかったのではないか、という疑問も残るし、実際に土地を奪われた民族はそう思ったことだろう。

いや、ところが、ことはそれほど単純ではない。住める土地ならどこでも良いというものではない。そのようなことを言う人は、ユダヤ人とユダヤ教のことをさっぱり分かっていないのである。ユダヤ人にとって、今のイスラエルの地以外に住む土地はないのだ。それにはこういう理由がある。

イスラエルは神によって選ばれた神聖な地

彼らは、イスラエルの地は神によって選ばれ、イスラエル民族に与えられた土地であると信じている。神は、イスラエル人の父祖であるアブラハムの前に初めて現れた時、こう言われた。「あなたは国を出て、親族と別れ、父の家を離れ、私が示す地に行きなさい」と。

イスラエルの初代王サウルの立ち位置は、日本で言うところの神武天皇だと既述したが、アブラハムを日本神話に置きなおすと、伊邪那岐（イザナギ）、伊邪那美（イザナミ）……いや、建国の父にあたるので天御中主神（アメノミナカヌシノカミ）や天照大神（アマテラスオオミカミ）にあたるのかもしれない。

ともあれ、このユダヤの神であるヤハウェ神の言葉に従い、アブラハムは住んでいた肥沃なメソポタミアの地を離れ、親族と別れ、未だ見ぬ「選ばれた地」カナンへと向かったのである。

ユダヤの民とイスラエルの地のロマンスは、帰還と離散の苦しみの繰り返しだ。しかし、ユダヤの信仰によると、イスラエルの地を選んだのはユダヤ民族ではなく、神の選択であり決定である。この事実は大きい。とても人間心で変えられるものではない。それゆえにユダヤ民族にとって、イスラエルの地以外に祖国はないのだ。

「ハラハー」と呼ばれるユダヤの慣例法規には、「ユダヤ人はイスラエルの地にだけ住むことが許される」とはっきりと書かれている。だから、律法主義のユダヤ人は、イスラエルの地でなければ、完全なユダヤ民族として生きていくことは出来ないのだ。よって、神に選ばれていないし神の命を受けていないパレスチナ人は、イスラエルに住むことは許されないという解釈となる。どうだろうか、この解釈がある限り、そこには一斉の妥協もないので、諍いがなくなることはない。

ユダヤ教というのは、唯一神信仰である。いわゆる一神教だ。唯一神信仰というのは、強さがある。しかしその特性の裏返しとして寛容な精神はない。それが一神教の持つ毒でもある。一神教のユダヤ教は、ユダヤ人の個人の集団、そしてユダヤ民族全体を支える柱としてとても重要である。そして神からユダヤの民に与えられた「聖書」は、ユダヤ人にとって神への信仰の基本であり、「種」とも言うべきものである。神への信仰、愛、畏敬の念、そして神への絶対的な服従は、ユダヤ民族の信仰の根本であり土台である。

そして、その土台には3つの糸がある。

①ユダヤ人の霊的指導者であったモーゼを通じて、神から民にもたらされた「聖書」、そして、聖書を根源とする「ユダヤ教」
②神から選ばれ、神からいただいた、神の選択であり決定である「イスラエルの地」
③初めの十二支族からなる、「ユダヤ人」という民族と、ユダヤ人の言語である「ヘブライ語」

つまり、ユダヤ人にとっては、この3つの糸が合わさってこそ完璧なユダヤ国家、つまりイスラエルが生まれるのである。従って、今のイスラエルの地以外でユダヤ人の国家を建設するなど到底許されないことなのであるし、イスラエルの地以外の地での新たな建国など選択肢にも挙がらないのである。「神の言葉」というものを排除して、イスラエルもユダヤ人も存在することは出来ない。

イスラエルの地へ出入りした歴史

ではユダヤ人は、神に約束されたイスラエルの地に来て、平和に暮らし続けることが出来たかというと、とんでもない。エジプトに連行され奴隷になったこともあれば、アッシリアに滅ぼされたこともあれば、バビロニアに滅ぼされて「バビロン捕囚」になったこともあれば、ローマ軍によって完膚なきまで滅ぼされたこともあり、その歴史を紐解くと過酷そのものであり、安住の地で平和に暮らせたのは長い歴史の中でわずかな期間しかなかった。４０００年もの間、イスラエルの地に戻ったり出たりを繰り返した歴史がユダヤ人の歴史だ。

ヤコブの12人の息子たちの時代にエジプトに南下し、４００年にも及ぶエジプトでの奴隷の時代を過ごした。そしてその後、モーゼをリーダーとして、「出エジプト」を為し、40年間も荒野を彷徨い、そしてその後、エジプト時代を知る大人の世代がすべて死に絶え、残った新しい世代がイスラエルの地に入った。

その後の１５００年間も、何度もイスラエルの地に出入りを繰り返した。そして西暦70年に再びローマ軍によって国が滅ぼされ、各地に離散してからも、世界各地にあって、聖書と信仰、希望、そして聖なる都エルサレムに還るという夢を守り続けた。

また、世界のどこに住もうが、ユダヤ人は神と父祖アブラハムとの契約の証である割礼の習慣を守り続け、イスラエル民族としての血筋を守るため、ユダヤ人同志の結婚、またはユダヤ教への改宗者との結婚をかたくなに守ってきたのだ。このように、あくまで異教徒としてその国に決して完全に同化しないユダヤ人は嫌われ排撃されてきた。

しかし、ユダヤの人々の何という執念か！　何という信仰心か！と驚嘆に値する。仮に、日本が外国の攻撃を受けて占領されてしまい、日本人は祖国を失い、流浪の民となり果てたとしよう。日本人は世界中に散らばっても、日本人の伝統と習慣と言語、そして宗教観を失わず決して外国で同化することなく、神との約束を守り続けることが出来ようか。まぁ、信仰心なき現代人は神との約束も何もあったものではないが。

実際に、お父さん・お爺さんが純粋な日本人であった、ブラジルや、ハワイの日系2世、3世の移民の子は、既に日本語を話すことが出来ないし、日本的宗教観を持たない。たかが100年ほどで「日本人」を喪失しているように思う。だからこそ、2000年間もユダヤ人を喪失しないユダヤ民族の律義さというのは驚愕なのである。

そうして、満を持して、イスラエルの地に帰還する「シオニズム運動」が活発化する時がくる……。

イスラエル国家の建国

チュニジアにいた一部のユダヤ人が、建国前のイスラエルの地に帰還し始めたのは1930年代から1940年頃だった。当時、イスラエル帰還を推し進めるシオニスト達が盛んに活動していた。それが「シオニズム運動」だ。しかし、ユダヤ人の伝統的祭司たちは、約2000年ぶりにイスラエルの地に帰還するための、より明確な天からの徴《しるし》を待ち続けていた。

やがて1947年11月29日、遂に英米の後押しで国連がパレスチナの地の分割案を決定し、イスラエルの建国を認めたのだった。それはユダヤ人にとって奇跡であり、その日までシオン（イスラエル・エルサレム）の地への帰還を信じ、祈り続けたことが成就した瞬間だった。

そして遂に念願が叶い、翌年、世界中に散らばっているユダヤ人の帰還が始まったのである。しかし、知っての通りその後の歴史も平坦ではない。地政学的にイスラム教国に囲まれたイスラエルは、世界有数の軍事力を持つハリネズミ国家として苦難の歴史を歩んでいく。

それにしても、この「ユダヤ人」なる民族とは一体何なのだろうか。国家を持たなくとも、住んだその国の中枢に食い込み、押さえていく、とてつもない力と賢さを持っている。ユダヤ人は実に優秀で、金融を通し世界を支配しているともいわれている。モルガン、ロスチャイルドなどの大財閥はユダヤだし、アインシュタインやノイマンなどの歴史に残る科学者を多数輩出し、ノーベル賞受賞者の3分の1をユダヤ人が占めている。

その他に、石油メジャー、マスメディア、兵器の製造販売ルートを押さえ、世界中の富の3分の1を占めるともいわれている。つまり、経済の中心を握っている。結果として、経済力を通して世界の政治を動かしている。英米の後押しでカナンの地を合法的に奪取したのも、ユダヤ人が英米で権力を持ち、陰で政治を操ることが出来たからである。

ユダヤ人を見ていると「思い込みの力」が絶大であることを学べる。選民思想には功罪があるが、「神に選ばれた民族という選民思想」、「神がユダヤ人だけにくださった約束されたカナンの地」、そして「ユダヤ人だけを神が愛し庇護する」「聖書に記されていることは絶対である」という、数千年もの間一時も絶やすことのなかった「思い込み」が、結果的に、シオンの地にイスラエルを建国することを実現させ、世界の富を支配するに至っている。彼らはヒトラーに600万人も虐殺されようと、ヨーロッパ各国から嫌われ、蔑まれ、迫害を受けようと、浮かび上がってきて、今、世界を裏から支配している。「ユダヤ人だけを神は愛する」という、徹底的に辺境な選民思想・光明思想がユダヤ人の最大の武器であり、それは「思いは必ず実現する」という希望実現の法則にも適っている。更に、イスラエルは世界一の軍事大国・米国を、護衛として、番犬として、ボランティアさせるほど政治的に老獪でもある。

反面、安定的な国家運営には絶対に恵まれることはなく、今も、中東の火種となっており、束の間の平和はあっても地政学的にもずっと安心して暮らせることはない。預言者の系譜では、イスラエルのハルマゲドン（英語ではアルマゲドン）で世界最終戦争が勃発するともいわれている。それは一説には、最終核戦争ではないかと預言研究家からいわれているほどだ。

中東地域では今のところイスラエルだけが核保有国だが、北朝鮮ルートでイランが核保有国となるのは時間の問題だ。イランが保有すると、サウジアラビア、イラク、シリア、UAEなど雪崩を打って核保有競争が激化するのが見えている。そういった事態になれば、世界最終戦争にあたる核戦争の預言が的中する準備が整う。イスラエルの運命はいかに……。

日本とユダヤ（ヘブライ）人の驚愕の共通点

ではいよいよ冒頭で述べた日本における「ユダヤ人が渡来したであろう痕跡」を列記していく。日ユ同祖論の根拠となる各事例は、各専門家、研究家の文献から引用する。そこには、とても偶然で片付けることは出来ないほどユダヤの痕跡があり、驚愕することだろう。ただ、最初に誤解がないように私の所感を述べておきたいと思う。

というのも、『大和民族はユダヤ人だった』（たま出版）という本があるが、ユダヤ人の立場で書かれたものは、ユダヤの民が渡来して日本に文明を授けたが如く解釈している節がある。私の立場はまったく逆であり、日本が文化文明の発信基地であり、彼らに影響を与えたものであると信じている。

無論、古代にユダヤ人から先進的な技術を授かったことは否めないものの、それは仏教や漢字を取り入れながら統合していく日本人のお家芸である。影響は受けたものの、ユダヤ人から文明を授けられたが如く喧伝するのは拡大解釈であるし、世界に冠たる日本文明への非礼である。すべての出発点に「ユダヤ」文明ありきとする、ユダヤを中心とする「日ユ同祖論」はいかがなものであろうか。

日本の文明はアーノルド・トインビーやサミュエル・ハンティントンが言うように、独立した単独の日本文明であり、２７００年どころか、古事記や日本書紀やホツマツタヱに書かれている歴史よりも更に更に長い悠久の歴史を持つ文明であるともいわれている。アインシュタインが来日した際に言及した通り「最も古く尊い国」、それが大和の国である。

建国以来、一度も外国勢力に滅ぼされたり占領されたことのない（GHQによる7年間の占領統治を除けば）神国日本と、外国に凌辱され続け何度も国を失ったユダヤ、上下を言うとすればどちらの位置付けが上にあるか比較にならないだろう。それを、民族として、どちらに指導力があり、どちらがより優秀であったか、また武勇に優れていたか示す指標とすべきだろう。

よって、私の「日ユ同祖論」なる解釈は、巷の解釈とは根本的に異なる。あくまで日本国を主とする解釈であることを言っておきたい。日本は中国の文化に影響されたこともあるし、朝鮮半島から入った仏教も取り入れ今に続いている。より発展したものは躊躇なく取り入れ、飲み込み、遂には同化させ自国のオリジナル文化にまで高めていく懐の深さがあるのが大和民族である。

新しい文化や科学を受け入れることは、素養と素地がないと出来ない。これから紹介する各資料による引用部では、ユダヤ側に立った表現方法が目立つので予め釘を刺しておく。

ヘブライ語と日本語の共通性

民族と言語と文字には独自性がある反面、近隣諸国の言語と類似しているのが通常なのだが、こと、我が国日本においては、近隣の国々の言語との類似性は皆無であり、日本語はどこの言語とも類似性のない独自の言語といわれている。

しかし、その日本語の発音が、または、日本語で発音した意味が、他の外国言語でも同じ意味として通じてしまうとしたら、あるいは違った意味でも実に日本的な意味になってしまう言語があったとしたら、しかも更に、３０００語もの日本語と類似性があったなら、驚くことだろう。更に更に、文字の形状まで共通していたり、類似していたらどうだろう。それはまさしく「オカルト」の世界であるが、そのオカルトの世界（隠された世界）に読者を案内する。

『大和民族はユダヤ人だった』の著者であるユダヤ人言語学者、ヨセフ・アイデルバーグ氏は、カタカナとヘブライ語の驚くべき類似性を指摘している。また、日本語の中にヘブライ語の単語が混在していることも指摘している。彼は次のように述べている。

「私は14年の歳月をかけて世界各地の言語を調べあげた。世界には中南米のマヤ人を始め、いくつもの失われたイスラエル十支族の候補となる民族がいるのだが、日本のようにヘブライ語起源の言葉を多数持つところはなかった。一般に日本語はどの言語にも慣例がないため孤独言語とされているが、ヘブライ語と類似した単語がゆうに3000を超えて存在している」

ヘブライ語は現在もイスラエル人、パレスチナ人が使っている「聖なる言葉」である。そのヘブライ語は、日本語と文字の形状が似ていたり、同じような発音をする単語の意味にも共通点があり過ぎるほどあったりする。特にカタカナ文字とヘブライ文字の共通性は気持ち悪いほどだ。

〈似た発音をするヘブライ語と日本語の単語〉

ヘブライ語の単語とその意味	日本語の単語とその意味
バレル…見つけ出す	ばれる…見つけられる、破れて成立しなくなる
ダベル…話をする	だべる…おしゃべりをする、むだな話をする
ダハ…打ちのめす	だは（打破）…打ち負かす、打ち破る
ハエル…輝く	はえる（映える）…てり輝く、鮮やかに見える
ハカシャ…拍手	はくしゅ…拍手
ハラ…怒る	はら（腹）…腹を立てる＝怒る
ヘスル…物の量を減らす	へずる…盗んで物の量を減らす、削り取る、かすめ取る
インカ…のど	いんこう（咽喉）…のど
コール…寒さ	こおる（凍る）…水が冷えて氷になる
カサ…覆う	かさ（傘）…雨や日光を防ぐために、さしかざすもの
カレル…風邪をひく（通常のどの荒れと共に）	かれる（嗄れる）…のどの具合が悪く声がしわがれる
モノ…物、事	もの（物）…物体、事柄
ミツ…果汁	みつ（蜜）…ねばねばして甘い液体、甘露、はちみつ
ナハク…泣く、叫ぶ	なく（泣く）…感情が高まって涙が出る、なげく、悲しむ
ナセ…する、試す	なす（成す・為す）…行う
ユルシェ…許される	ゆるし（許し）…許可、戒めを説く
コマル…困る	こまる…困る
スワル…休む	すわる…座る
ヤスブ…座る	やすむ…休む
ホシュク…欲する	ほしく…欲しく［なる］
ツァラー…恨み、災難	つらい…辛い
タメ…駄目、汚れている	だめ…駄目
シャムライ…守る者	さむらい…侍

まだまだいくらでもあるが、きりがない。サムライがシャムライとは笑うしかない。確かに、ユダヤ語の「シャムライ」の意味は、サムライの役割「守る者」である。

日本人とユダヤ人の不可思議な言語符合はまだまだ終わらない。川守田英二氏は『日本言語考古学』（日本ヘブル語研究所）や『日本ヘブル詩歌の研究』（八幡書店）で以下のような例を提示しているので合わせて紹介する。

アッパレ（APPR）……栄誉を誇る
アナタ（ANT）……貴方
アリガトウ（ALI・GD）……私に（とって）・幸運です
オニ（YNI）……私を苦しめるもの
オハリ（AHR）……終端
グル（GWL）……回る
コラ（KRA）……自制せよ

スケベー（SKBH）……肉欲的に寝る
ダマレ（DM・ALI）……沈黙を守れ・私に（対して）
ワル（YWL）……凶悪な者

ヘブライ語と日本語の文字対比表

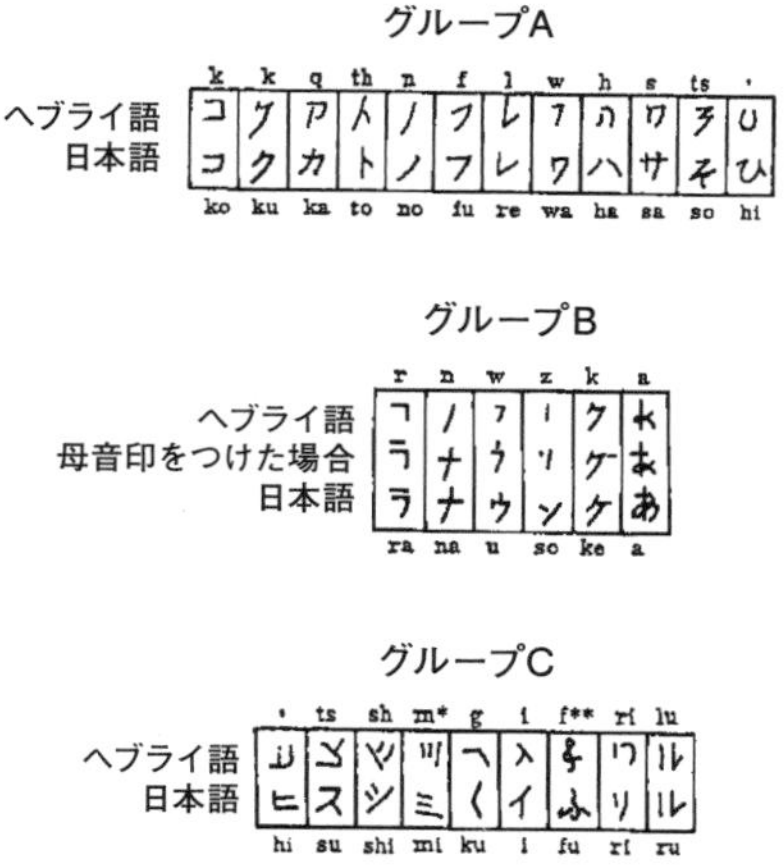

＊この字はヘブライ・アルファベットには載っていないが、「シェマ」の古代ヘブライ印には、はっきりと刻まれている。

＊＊この字はヘブライ・アルファベットには載っていないが、現代草書には使われている。

出典：ヨセフ・アイデルバーグ著『大和民族はユダヤ人だった』（たま出版）

また川守田氏は、ワッショイ＝ヴァー・イェシュ・イャー（VA・Ysha・YH）＝来る・救い・ヤハウェと解している。「カタカナ」「ひらがな」は漢字の輸入後にその一部を取ったり、崩したりして日本人が創作したものだと我々は教えられてきたが、日本語の仮名文字「コ」「ク」「カ」「ト」「ノ」「ワ」「ハ」「サ」「そ」「ひ」「ル」はまずもってヘブライ文字とまったく同じ音と文字だと言って差支えがない。

それ以外にも「ラ」「ナ」「ウ」「ソ」「ケ」「あ」「ヒ」「ス」「ツ」「く」「イ」「ふ」「リ」など、やや角度を変えたり線を一本引いたりするだけで同じ形となる文字が沢山ある。ここまで共通していると、カタカナとひらがなの起源はどう見てもヘブライ語にあるとしか考えられないとする研究者がいる。後ほど述べるが、漢字を崩したものがカタカナとひらがなのルーツであるとする解釈は間違っている可能性もある。

現地空港で見つけたヘブライ文字（著者撮影）

国歌「君が代」は、ヘブライ語として意味が通じる

日本の国歌「君が代」はそのままヘブライ語読みが出来、意味が通じるから驚きだ。

クムガヨワ（立ち上がれ）
テヨシ（シオンの民よ）
ヤ・チヨニ（神に選ばれし者）
サッ・サリード（喜べ・人類を救う民として）
イワ・オト・ナリャタ（神の預言が成就する）
コ（ル）カノ・ムーシュ・マッテ（全地で語り鳴り響け）

「君が代」は皇室が代々続いていくことを願う歌詞であり、古今和歌集の巻第七「賀歌」に記載されている和歌から採用された実に平和的な「歌詩」であるが、フランスをはじめ白人系の国家のほとんどが国民を鼓舞する戦闘的な歌詞となっている。「血」とか「武器を持て」とか「殺せ」などの言葉が平気で使われている。

日本語の中で、最も日本語らしく大和言葉だけで出来上がっている「君が代」が、ヘブライ語として意味が成立してしまい、しかも、「シオンの民」が神から選ばれた民であり、人類を救う民として喝采する詩になるのだから、もうある一線を越えていると言ってよいだろう。このことを完全に説明出来る言語学者は存在しないだろうが、後ほど解明に挑戦していくこととしよう。

童謡・さくら　さくら

さくら　さくら
のやまも　さとも
みわたす　かぎり
かすみか　くもか
あさひに　におう
さくら　さくら
はなざかり

この懐かしくて日本の原風景が浮かんでくる「さくら　さくら」をヘブライ語で解読してみると次のようになる。

「(神が)隠れてしまった。唯一の神が迫害を受け、耐え忍び、死んで犠牲となり、くじで引かれ、取り上げられてしまった。素晴らしい神の計画である。救い、その救いの捧げものが成就した」。何とも……もはや……としか言いようがない。

この「さくら　さくら」の歌詞は、ヘブライ大学前学長・シロニー教授の手によってその正確性が確認されている。いかがであろうか。そろそろ背筋が寒くなってきたのではなかろうか。しかし、まだまだ序盤であり、本論はこれからである。

「ハッケヨイ、ノコッタ」「ジャンケンポン」

日本語の数々の掛け声の多くは、日本語としては何の意味も持たないが、ヘブライ語で読むと秘められたオリジナルの意味が浮かび上がってくる。相撲の取組みの際に行司が発する「ハッケヨイ、ノコッタ」であるが、ヘブライ語では「撃て、やっつけろ、打ち破れ」の意味となり、日本語よりヘブライ語の方が意味が通じてしまう。

大相撲で行司が「ノコッタ、ノコッタ」と声をあげているが、あれは土俵際で「残った、残った」ではなく、ヘブライ語の意味では「打ち破れ、打ち破れ」と掛け声をかけているのである。そもそも、「ノコッタ、ノコッタ」は過去形であり、掛け声としても不自然極まりない。よって、ヘブライ語訳した「打ち破れ」「やっつけろ」という意味の方が行司の掛け声としては的を射ている。

子どもの遊びでもある「ジャン・ケン・ポン」については、日本では何の意味も通じないが、ヘブライ語に訳すると「隠して、準備して、来い」となる。まさしく、ジャン・ケン・ポンは「隠して、準備して、来い」そのものと言ってよい。日本語では意味不明の掛け声が、ことごとくヘブライ語に訳されることによって、すっかり理解が可能になるどころか、やっとその掛け声に秘められたる意味が浮かび上がり、霧が晴れていってしまう爽快感は何なのだろうか。

「ヨイショ」「ドッコイショ」

重たい物を持ち上げたり、引っこ抜いたりする時に使う「よいしょ」「どっこいしょ」であるが、ヘブライ語の「イェッシュ」（神よ助けたまえ＝イエス・キリストの「イエス」と同じ語源）、「ドケイショ」（退かすので、神よ助けたまえ）が語源ではないかと、研究家の間ではいわれている。

「マクドナルド」の本当の発音は「マクダーナルズ」だが、日本マクドナルドの創業者の藤田田氏が日本で営業開始する際に、原語の発音では日本人になじまないし、発音しづらいので、あえて「マクドナルド」の名称にしたという逸話があるが、その民族が発音しやすい言葉に変容しながら伝承されていくことは分かるだろう。決して、ヘブライ語と完全一致しなくとも、その変化形で現在に残るパターンもある。

「エイサ」「エッサホイサッサ」

また、日本の夏祭りで山車《だし》を引き回す時、大声で「エイサ、エイサ」と叫ぶが、これはヘブライ語の「イサ」「イェシュア」(救世主)がなまったものではないかといわれている。つまり「神よ、神よ」と叫んでいることになる。日本の祭りは、どれもが神に感謝を捧げる「神事」なので、「神よ、神よ」と叫んでいても何もおかしくないし、日本語で何の意味もない掛け声が「神よ」と叫んでいたのなら、そちらの方が正解である。

何かを持って走る時に使う掛け声である「エッサ、ホイサ」はヘブライ語で「神よ助けたまえ、運ぶ」の意味である。今後は気軽に「エッサー・エッサー・エッサホイサッサ」などと歌えないではないか。

ソーラン節

北海道の日本海岸に伝わる「ソーラン節」は、日本人なら誰も知っているほど有名な民謡だ。ニシン漁の歌として知られている。「ヤーレン　ソーラン　ソーラン　ソーラン　ソーラン　ソーラン　ハイハイ　男度胸なら五尺の体　ドンと乗り出せ波の上チョイ　ヤサエエンヤンサノのドッコイショ　ハ　ドッコイショ　ドッコイショ」。

「ヤーレン、ソーラン」という掛け声は、日本語としては何の意味も成さないが、ヘブライ語で読めばちゃんとした意味がある。「ヤーレン」は「喜び唄う」、「ソーラン」は「一人で」、「チョイ、ヤサエエンヤンサ」は「たとえ嵐が来ようとも、まっすぐに進む」、「ノ、ドッコイショ」は「神の助けによって、押し進んで行く」という意味である。

つまりソーラン節は、古代ユダヤ人たちが荒波を乗り越えて約束の地に向かう際に歌った行進曲であったと考えられるという。おそらくは紀元前7世紀以降、イザヤの預言に従って約束の土地、つまり東の海の島々を目指し、立ちはだかる様々な大自然の困難にめげずに航海を続けようとする鼓舞の歌だったのではないかと、研究者の間ではいわれている。

「エンヤラヤー」

更に日本の祇園祭では「エンヤラヤー」という掛け声が使われる。これは「私は神（ヤーウェ）を讃える」という意味のヘブライ語「アンイ・アハレル・ヤー」が変化したものと考えられる。伊勢神宮では20年に一度の式年遷宮のため長野、岐阜の木曽山中から切り出されたご神木のヒノキ3本がはるばる３００キロ、伊勢神宮まで運ばれるが、重い木材を引き上げるときに「エンヤー　エンヤー」と言う独特の掛け声がかけられる。

この「エンヤー」も「神と共に」の意味だ。ちなみに、キリスト教の讃美歌などで頻繁に使われる「ハレルヤー」「アレルヤー」という言葉も、もとはと言えば、ヘブライ語で「神を讃えよ」というユダヤ教の賛美の言葉である。

こういった言語の世界に突入してしまうと、埋没してしまい脱出出来なくなるので、しばし言語から離れ、日本の中に残る痕跡の列記に移ろう。

日本の餅のそっくりな種無しパン

ユダヤ人の宗教的な行事で日本と最もよく似ているのは「過越祭《すぎこしさい》」である。過越祭（ペサハ）はユダヤ教でいう新年の祭りで、ユダヤの祭日のうちで最古かつ最大のものである。その日は、日本の年越しと同じように、家族で寝ないで夜を明かす。更に過越祭の日だけは普段と食べるものが違っていて、いつもはふっくらとしたパンを食べるのであるが、この日に限って「種無しパン（マッツオ）」を食べる。この種無しパンは日本でいう餅に当たる。

しかも、ユダヤ人は丸く平べったい種無しパンを祭壇の両脇に重ねて供えるのだが、まさにこれは日本の「鏡餅」以外の何物でもない。また、過越祭は全部で7日間と規定されており、これも日本の正月の期間とまったく同じである。

ユダヤ人だけが分かる鳥居の意味

神社につきものの「鳥居」は、外国人のみならず、日本人自身も説明がつかない代物である。しかし、ユダヤ人が見れば即座に理解出来るという。何故ならば、鳥居の形は古代ヘブライの建物(玄関口)とそっくりの構造をしているし、赤色をしていることはしっかりとした宗教的根拠があるためである。

ユダヤ人の過越祭(ペサハ)は、かの有名なモーゼによる出エジプト(紀元前1290年)にルーツがあるが、同じく日本の年越しや鳥居も、この大事件をルーツに持っていると言える。モーゼは、かたくなな心を持つエジプトのファラオ王にヘブライ奴隷集団の脱出を認めさせるため、一種の魔術競争をしたのであるが、エジプト脱出前日に「殺戮の天使」がエジプト全土に襲いかかってきた。その殺戮の天使を家に入れると、長男が死ぬとされていた。

その時モーゼは、ヘブライ人たちが「殺戮の天使」の害に遭わないためにと、玄関口の2本の柱と鴨居に羊の血を塗らせ、「殺戮の天使」が静かに通り過ぎるまで家の中で待つように指示したのであるが、これこそが鳥居のルーツであり、年越しのルーツであるといわれている。玄関に鳥居を立てなかった異民族の長男は次々と死んだが、鳥居を立てたユダヤ人の家は守られたという。ちなみに「トリイ」という言葉はヘブライ語アラム方言で「門」と言う意味があるが、鳥居は言うまでもなく神社に入る「門」である。

日本神道を象徴する「鳥居」がどうしてあのような形状なのか、どうして朱の色なのか説明出来ないらしいが、モーゼに起源を持つとなれば説明がつくということである。来日したユダヤ人たちは神社に詣でて鳥居を見たら、意味が分かるというのだから、これまた不思議である。

酷似する古代ヘブライ神殿と日本の神社の構造

古代ヘブライの神殿と日本の神社の構造は、驚くほど酷似している。もともと古代ヘブライ神殿は「幕屋」と呼ばれる移動式だったが、「幕屋」ではその名の通り、周囲は幕屋板で囲まれ、中で神に捧げる祭祀が行われた。全体ではないが、囲むという概念は日本の神社でも見られ、同様に祭祀は極秘である。

また、「幕屋」の中の構造は、基本的には「聖所、至聖所、拝殿」に分かれていて、祭壇には明かりをともす常夜灯があり、脇には手を洗う水盤があった。また有名な古代ソロモン神殿の前には、お賽銭を入れる箱も置かれていた。

狛犬とライオン像

日本の神社の前に置いてある狛犬は、犬というよりもライオンであるが、古代ソロモン神殿の前にもライオンの像が置いてあった。ライオンはダビデ王統を担うユダ族のシンボルである。

兜巾《ときん》とヒラクティリー

この類似に私は思わず笑った。現在でもユダヤ人は祈りの時に旧約聖書の言葉を収めた「ヒラクティリー」と呼ばれる小さな小箱を額の部分につけるのだが、これは山伏が頭につける兜巾と使用方法が酷似している。また、山伏は法螺貝を持つが、ユダヤでは法螺貝そっくりな山羊の角を持つ。山伏が吹く法螺貝の音は、ユダヤ人の祭りに使われる「ショー

(上) 和歌山県・熊野本宮大社の山伏 写真：アフロ
(下) ユダヤ人男性がショーファーを吹く姿（イメージ）

ファー」という羊の角で作った吹奏器とそっくりである。

古代ヘブライの祭祀レビ族は、みな白い服装をしていた。非常にゆったりとした和服のような服で、袖口にはリンネと呼ばれる房が付いていた。もちろん「ヒラクティリー」も使用していた。彼らは、まさしく神道の神官や修験道の山伏のような姿をしていたのである。

つまり、宗教的儀式、服装、音を奏でる道具、そして兜市、額を隠す装飾品、そのいで立ち、すべての点において一致してしまう。中東の地にユダヤ版山伏が存在するのは「不思議」では片付かない。

聖櫃（アーク）と神輿

映画『レイダース・失われたアーク』にも登場したヘブライの秘宝「契約の聖櫃（アーク）」は、実際に現在に至るまで行方不明であるため「失われたアーク伝説」として広く公式に知られている。

アークとはモーゼが神から授かった「十戒石盤」を保管するための箱で、全体に黄金が貼られており、旧約聖書の出エジプト記には、そのアークのつくり方が克明に記されているのだが、その記載を見る限り、日本の神輿にそっくりである。

出エジプト記の中の、モーゼがアークに祈っているシーンを描いたドイツの絵（1859年）

アークの上部には2つの天使の像が羽を広げて向かい合っているが、日本の神輿も金で覆われていて、神輿の上には鳳凰《ほうおう》と呼ばれる鳥が佇み、大きく羽を広げている。また、アークの下部には2本の棒が貫通しており、移動するときにはレビ族が肩に担ぎ、鏡や太鼓を鳴らして騒ぎ立てた。

しかも、担ぐための2本の棒は、絶対にアークから抜いてはならなかったように、神輿の棒も抜かれることはない。祭りが終わった後も棒を差し込んだまま保管されているのである。このように、日本の神輿とアーク・聖なる棺との類似性は偶然では済まされないものがある。

アークを知るイスラエル人が日本の祭りの神輿を見て、その類似性に驚いたという。

失われたアークが剣山に

かつて北イスラエル王国（十支族王朝）を滅ぼしたアッシリア帝国は、「契約の聖櫃」と「ソロモンの秘宝」を最も欲しがったのだが、彼らはそれらを見つけることが出来なかった。ヘブライの秘宝は、北イスラエル王国滅亡と同時に消滅してしまったのである。そのため、西洋の学者たちは「失われた十支族」と「失われたアーク」の行方を追って、世界各地へ手がかりとなるものを探し求め続けている。

なお、徳島の修験道の聖地として有名な霊山である剣山には、何故だか「失われたアーク」が隠されているという根強い噂があり、一時、発掘隊が組織された時期もあったほどで、至るところを掘り起こしたので、いくつも穴が開いている。昨今、テレビ番組でも取り上げられたが、戦後、占領軍が「失われたアーク」を探し当てるため、剣山を立ち入り禁止にして秘密調査を行ったこともあり、「失われたアークは日本にある」という伝説が世界に知られている。

またこの剣山では、毎年剣山本宮例大祭で「神輿祭り」が行われるが、その日は祇園祭と同じ7月17日である。7月17日は、ユダヤ人にとっても重大なお祭りの日である。それは旧約聖書の中に出てくる「ノアの箱舟」がアララト山に漂着した日と同じなのだ。前述した通り、アークと神輿の形状はよく似ている。だから「神輿祭り」となっていると見解する研究者もいる。

それに、神輿というものは通常は山から里に神様をお運びするものなのだが、ここでは逆に山頂へとお運びする。意味深だ。しかも山頂近くには「宝蔵石神社」という名称の神社がある。宝の蔵がある神社ということか。失われたアークのことを宝の蔵と呼んだかの如くである。

イスラエルにも日本にも三種の神器がある

イスラエルの三種の神器は、「出エジプト」の時に、蛇に姿を変えたり、水を血に変えたり、海を2つに分けて海底に道を創ったりした「アロンの杖」と、モーゼが神から授かった十戒が書かれている「石板」、そして食糧を与えてくれる「マナの壺」である。

日本の三種の神器は、「八咫鏡《やたのかがみ》」「草薙剣《くさなぎのつるぎ》」「八尺瓊勾玉《やさかにのまがたま》」。弥生時代から鏡・剣・玉を権威の象徴とする風習が一般にあったが、大和朝廷では、鏡と剣を天皇の身辺に置いて護身の呪物とし、皇位継承の際には伝世の鏡と剣を新天皇に捧げる儀式が成立したとされる。

三種の神器の鏡にヘブライ語の文字

伊勢神宮には三種の神器の1つである「八咫鏡」があるというが、本物は誰も見たことがなく、その写しである皇室の神鏡にはヘブライ語が書かれているという。

『ユダヤ問題と裏返してみた日本歴史』(八幡書店)には、ヘブライ語学者の左近博士が、それを解読するために宮中に呼ばれたと書いてある。そして鏡の文字は「私は〝私はある〟という者である」と読めたという。これは、旧約聖書でモーゼが神にその名を問うた時の神の答えに他ならない。「I am that I am」。日本語訳すると「我は在りて在るものである」である。この話は一時新聞に紹介されたことがあるらしく、日本在住のユダヤ人、ラビ・M・トケイヤー氏が、個人的によく知っている三笠宮殿下にその記事をご存知か、またこの鏡を見たことはおありかと尋ねたという。

ところが、古代オリエントの歴史に造詣が深く、ヘブライ語にも精通している三笠宮殿下でさえ、新聞記事のことは知っているが、鏡を見たことがないとお答えになったという。更に驚いたことには、殿下の兄である天皇陛下でさえも、これを見ることを許されないというのである。

暦の一致

「伊勢神宮暦」は、他の神社と違って「ヘブライ暦」と一致している。

13歳の男子の儀式「バル・ミツバ」と「元服式」

ユダヤ人は現在でも13歳の男子に、成人を迎える儀式「バル・ミツバ」を行うことで有名だが、日本人も昔、13歳の男子に成人を迎える儀式「元服式」を行っていた。

「バル・ミツバ」の一行（著者撮影）

私はエルサレム市中にある旧市街のユダヤ教聖地に続く道で、偶然にも実際に「バル・ミツバ」の様子を目撃した。13歳になった男子は、両親、親戚とおぼしき人達に囲まれて、楽器を演奏しながら実に楽しげに、また誇らしげに聖地に向かって行進していた。沿道の人々も心から祝福していた。場所はあの「嘆きの壁」

の手前だった。この写真はその時私が撮影したものだ。日本の元服式にあたる「バル・ミツバ」は確かに行われていた。

また、生後30日目の赤ん坊を神社に初詣させる習慣は、日本とユダヤにしか見られないものである。

禊の習慣

日本もユダヤも水や塩で身を清める「禊」の習慣がある。またユダヤ人は、教会堂の入り口で手を洗う習慣があるが、日本人も、神社を詣でる前には必ず入り口で手を洗う。またユダヤ人は日本人と同じように、まず体を洗ってから風呂に入る。ユダヤ人以外の西欧人は、バスタブの中で体を洗う。

『驚くほど似ている日本人とユダヤ人』(中経の文庫)の著者エリ・コーヘン氏は、伊勢神宮を訪れた際、このように述べている。少々長いがユダヤ人の臨場感が伝わってくるので紹介する。

「伊勢神宮の入口には、他の神社と同様、手水舎があり、そこで参拝の前に手を洗い口をすすぐ。水をすくった柄杓を片手で持ち、その水を反対の手にかける。それを交互に繰り返し、最後に口をすすぐ。それは私にとっては大変な驚きだった。何故なら口をすすぐこと以外は、ユダヤ教の手を洗う祭儀や習慣ととても似ていたからである。

手を洗うという規則はユダヤ教においては習慣となっていて、食事の前に儀式的に行い、祈りの前や祭司が祝福するために人々の前に立つ前に、必ず同様のことをする。そのやり方とは、右手で左手に水をかけてから、今度は左手で右手を濡らす。これを交互に3回行う。

この神道における手や口を水で清めるという行為は、実は〝禊ぎ〟と呼ばれる祭儀を短く象徴的に行っているというのである。

古来神道においては川の水に身体ごとすっかり浸かり、手や口だけではなく身体全体を浄めてからでなければ、神の前に出ることは出来なかったのだ。この禊ぎもユダヤ人の習慣と共通するものだ」

世界遺産になった沖ノ島・宗像大社沖津宮は女人禁制の島で、その島に入る男たちは素っ裸になり、海で禊ぎを行わない限り入ることを許されない。何となれば島全体が御神体であり、穢れをもって入山することなど出来ないので、その習慣は今も続いている。ユダヤ教でも、身を浄めるために行うという斎戒沐浴は「ミクベ」と呼ばれる水槽で行われるようだが、それは海や川、または泉においても行われている。

ユダヤ教においても日本神道においても、〝穢れ〟というのを嫌うことが共通しており、それを水によって浄めてからではないと神の前に立てないとされる概念、習慣はほとんど同じである。つまり、水で洗うという行為が単に同じなのではなく、何のために浄めるのか、何故水で浄めるのか、浄めねばならないのか、という動機が同じなのである。私はその両者の共通性に関心を持った。

相撲

現在の日本で行われている相撲とは様相は異なるが、旧約聖書にはイスラエルで二支族の父ヤコブが、天使と相撲を取る光景が描かれている。ヤコブはこの天使との相撲に勝ったことで「イスラエル（神と戦う者）」という名前を授けられたのである。面白いことに、現在、イスラエルには相撲の愛好者が多く存在し、イスラエル国内に相撲協会が2つもある。

神道の相撲の由来は「古事記」の建御雷之男神（タケミカヅチノオノカミ）と建御名方神（タケミナカタ）の力比べにあるとされ、これによって国譲りが確定し、邇邇芸命（ニニギノミコト）に地上の支配権が与えられることになったとされる。

オリエンタル・ユダヤ人と日本人

古代ユダヤ人は金髪や黒人ではなく、黒髪・黒目の浅黒い肌（褐色）をした人種で背が低かった。体格は日本人とそっくりだった。更に日本人とオリジナル・ユダヤ人（オリエンタル・ユダヤ人）の男性Y染色体の大きさが同じであることが、パリ大学の教授によって発見された。これは他に見られない現象だという。

イスラエル民族の紋章と天皇家「16弁の菊花紋」

エルサレムの神殿の紋には、天皇家の「16弁の菊花紋」と共通した紋章がしっかりと刻み込まれている。この紋章はイスラエル民族の紋章でもあったのだから、この一致は決定的と言っていいかもしれない。

現在のユダヤ教のシナゴーグ（ユダヤ教会堂）には、必ずと言っていいほど、菊の紋章がデザインされているという。現在もエルサレムの神殿の門に、しっかりと「天皇家の菊花紋」が刻み込まれているし、イスラエルの観光パンフレットの表紙を飾る紋章にもなっている。ちなみに、現在、世界中を見渡して、「菊花紋」をシンボルにしている一族は、ユダヤ人と天皇家以外にはほとんどない。

エルサレムの城門「ヘロデ門」の菊花紋

と言うか、「菊の花」は、「桜」同様、日本の花そのものである。

その天皇家の象徴である菊花紋とほぼ同じ紋章が、何故かイスラエル民族の紋章となっている事実をどう解釈すべきなのか……。

ミカドと天皇の公式名と神武天皇の呼び名

天皇の呼称である「ミカド（帝）」はヘブライ語に訳すと「ミ・カドー」「MY・GDWL」……「偉大なる者」となる。

天皇の公式名である「スメラ・ミコト」は、古代ヘブライ語・アラム語で「サマリアの大王」を意味し、初代神武天皇の呼び名である「カム・ヤマト・イワレ・ビコ・スメラ・ミコト」は「サマリアの大王・神のヘブライ民族の高尚な創設者」という意味になっているという。

言語研究家であり、『大和民族はユダヤ人だった』の著者ヨハン・アイデルバーグはその著書で次のように分析をしている。

・カムは、「創立」するとか「設立」するという意味のヘブライ語の語根「KUM」から取られたものと思われる。

・ヤマトは、「神の民」を意味するヘブライ語・アラム語の表現「YA・UMATA」からきたと思われる。「YA」はヘブライ語で神、「UMAT」はアラム語で民を意味する。
・イワレは、アラム語で「ヘブライ」を意味する「IWARA」が少し訛ったもののよう。ビコは、ヘブライ語の「BEKHOR」からきたもののようである。直訳すれば「最初に生まれた」という意味で、ダビデ王に当てはめられ、慣用的には「高尚な」というような意味で用いられる。
・スメラは、「サマリアの」を意味するアラム語「SHAMRAI」からきていると思われる。
・最後のミコト。この言葉は日本の古代文書に神とか天皇の尊称として、しばしば出てくるが、日本語ではこれといった意味はない。しかし古代ヘブライ人が使ったと思われるセム語の一つ、シリア語で「MALKIOTO」は「皇帝」を意味する。「L」を落とせば「MAKIOTO」と発音され、いずれ「ミコト」になったと言える。

このように言い切るヨハン・アイデルバーク氏のキャリアを紹介しておこう。ロシアに生まれ、両親と共にイスラエルに移住。アメリカで理工学、ヨーロッパで言語学を習得。ヘブライ語、ロシア語はもちろんのこと、英語、フランス語、ペルシャ語、イェテイッシュ語、アラビア語に精通し、歴史学、民俗学、言語学の研究に没頭した人物だ。

日本人で、これだけ地域的な言語に精通している人は皆無だろう。そういった言語学者が神武天皇の呼び名は、ヘブライ語、アラム語、シリア語、セム語などの中東に起源があるとする。

しかも見事に「サマリアの大王・神のヘブライ民族の高尚な創設者」という意味に翻訳出来てしまい、橿原で初代天皇に即位した「神武天皇」らしい「創設者」の意味になるのである。無論、神武天皇は「サマリアの大王」でもなく、「ヘブライ民族の創設者」でもないが、「大和の国の大王」であり、「天皇制の創設者」「皇室の起源」であるのだから、ヘブライを日本版にしたような大王なのである。「驚く」と言う表現が軽薄で、いやはや、もう、どうコメントしていいやら……。

仁徳天皇陵とマナの壺

仁徳天皇陵は失われたアークに収められた、ユダヤ三種の神器の一つである「マナの壺」

を形どったものではないかといわれている。論拠の一つに、陵に壺の取っ手とおぼしき膨らみがみられる。見方によっては鍵穴のように見えるが、向きを変えて見ると壺のような形に見える。

シオン（ZION）祭りと祇園（GION）祭り

ユダヤの「シオン（ZION）祭り」は日本の3大祭りの1つである京都の「祇園祭り」と同じ7月17日に行なわれるが、「祇園」は「ジオン」の訛りだと指摘する研究者がいる。また、ユダヤの「シオン祭り」はノア一家が大洪水を無事乗り越えたことを祝う祭りで、7月17日は旧約聖書で「ノアの大洪水」が終わった日とされているのであるが、日本の祇園祭を最大に特徴づけている数多くの「山車」はこの「ノアの箱舟」を象徴しているのではないかと推測する研究家もいる。

祇園祭りに登場する数多く山車の中には、古代ヘブライ語で用いられていたものと同じ文様をつけたものが存在している。京都市下京区四条烏丸西入の山鉾「函谷鉾」の前掛けは、「旧約聖書」の創世記の一場面を描いた16世紀のタペストリーである。ちなみにタペストリーとは、壁掛けなどに使われる室内装飾用の織物のことだ。また、中京区室町通六角下るの山鉾「鯉山」の見送りは、古代ヘブライのダビデ王を描いた有名な図である。

しかし、何故日本の由緒ある伝統的な京の都の「祇園祭り」に、旧約聖書の創世記のタペストリーやダビデ王を描いた図が登場するのか、神主に問うてみたいものである。さらに、この祇園祭ではモーセ山という言葉が用いられ、祇園祭と古代ヘブライとの関係に、ただならぬものがあることを感じさせる。

最強の渡来人「秦氏」は、ヘブライ系渡来人であった

日本史上、最大最強の渡来人でありながら、今なお多くの謎に包まれている「秦氏」は、昔から多くの研究家によって「ヘブライ系渡来人」ではないかと指摘されている。「秦氏」は第15代応神天皇の時、大陸から渡来してきたのだが、この時、10万人もの人々が日本に帰化したと伝えられている。

その一部は大和の葛城に、多くは山城に住んだのだが、何とか雄略天皇の時に、京都の太《う》秦《ず》の地に安住するようになったという。「秦家」は非常に有力なファミリーで、794年、平安京は、事実上秦氏の力によってつくられたという。また、仁徳天皇陵のように超巨大古墳建築にも秦氏の力があった。

秦氏はオカルトでも何でもなく、史実として残っており、多くの研究家がその存在を実証しているので、安心して、ここでフライング気味に秦氏の正体に言及しておく。「失われた十支族」は世界各地に散らばり、その一部がシルクロードを通り日本に上陸したといわれているが、そのうちの一人が秦氏という説がある。

そして秦氏は、それまでに日本になかった土木・農耕・醸酒・養蚕・絹織物の知識や技術を持っていたそうで、京都の太秦を本拠にして、そうした技術力を背景に政治的な力をつけていき、本拠地の近くに都を持ってきたのである。それが「平安京」であり、「平安京」をヘブライ語に翻訳すると「エル・シャローム」すなわち「エル・サレム」のことであったというのだから、つじつまが合う。また、聖地エルサレムの「城塞」は12の門を持つなど、構造が平安京とよく似ていることが指摘されている。

一説には、710年頃に成立したともいわれるヤハダ神を信仰し、八幡神社が749年頃に急に勢力を持ち始め、奈良に上京し、この時初めて神輿をもたらした。これが神輿の起源で、八幡神社は全国に広まったという。

平安京に遷都した桓武天皇は、「古代ヘブライの嶓祭《はんさい》の儀式」を行っていた。また平安京のマークはあのダビデの紋章といわれ、現在の京都の市章はその平安京のマークを図案化したものだと指摘されている。

諏訪大社の祭りの謎

諏訪大社では、「御頭祭《おんとうさい》」という、イサク奉献伝承に似た祭りが行われていた。旧約聖書によると、アブラハムはモリヤの地（現在のエルサレム）の山であるモリヤ山で、神から息子イサクを生贄として捧げるよう要求され、アブラハムが神への信仰からイサクをナイフで殺そうとしたところ、信仰が明らかになったとして天使から止められるという話がある。

不思議なことにまったく同名の守屋山（モリヤ山）が御神体である諏訪大社においても、少年を柱に結びつけ神官が小刀で切りつけようとすると、使者が現れてこれを止めるという御頭祭が明治初期まで行われていた、との記述が守屋資料館に残されている。

諏訪大社は、本宮も前宮も、守屋山（モリヤ山）を御神体としている。そして、昔から守矢家（モリヤ家）が代々祭主となって行われてきた。エルサレムにあり、アブラハムがイサクを生贄として捧げようとした山は「モリヤ」、そして同じく諏訪大社の山も「モリヤ」。更に祭主まで「モリヤ」、同じ名前なのである。

驚くのはまだ早い。諏訪大社の謎にはまだ続きがある。昔は、御頭祭で75頭の「鹿」が捧げられていたという。そのうち一頭は耳が裂けていた。その鹿は「神が獲ったもの」「神が供えて下さったもの」とされていて、これは旧約聖書に見られる「角をヤブにひっかけている一頭の雄羊」と言う個所に関連があるのではないかといわれている。

また、「75」と言う数字についても、『日本の中のユダヤ文化』（学習研究社）という本の中に詳しく書かれており、イスラエルの父祖ヤコブが、エジプトに移住した時の親族の人数が「75」人だったとか、ユダヤの「過越祭」でも昔は「75」頭の子羊を屠っていたとか、諏訪大社のお祭りは年に「75」回行われていたとかあるようだ。

しかし普通に考えて、何で75頭もの鹿を献上する必要性があるのかと思わざるを得ないが、その意味するところを「ユダヤ」に起源を求めることにより、簡単に説明がついてしまうこの事実は、一体何なのだろうか。確かに、西洋の生贄の定番である子羊を日本に適応させると、最も日本的である「鹿」に変化することになるだろう。

まだ続きがある。イスラエルでは諏訪大社の御頭祭は有名で、先に紹介した『驚くほど似ている日本人とユダヤ人』の著者であり、ユダヤ直系の祭祀の家系であり、元在日イスラエル大使であったエリ・コーヘン氏をはじめとする一行が、わざわざイスラエルから視察に来ているのである。彼らはイスラエルの「失われた十支族」が日本に来て、日乃本の国に影響を与え、それが何千年にもわたって継承され、定着している事実を見て、さぞ満足して帰ったことだろう。

御頭祭の起源は8世紀頃から行われていたと主張されているが、前述の「秦氏」が帰化した頃であり、年代が一致する。秦氏がもたらした風習や言い伝えが諏訪大社のお祭りとして根付いた可能性は否定出来ない。

ユダヤ人と日本人の染色体

日本人のY染色体を見ると、約40%がD系統と呼ばれるものとなっている。世界中のユダヤ人のグループに広く見られるのがE系統なのだが、D系統とE系統は同じ仲間であり、これを見るだけでも同一の先祖だと考えることが出来るほどだという。

更にこのD系統というのは、沖縄の人で56%、アイヌ民族で88%と、更に高くなっているという。このD系統を持つ民族は世界の中でも非常に珍しく、日本人とチベット人が高確率で持っているそうだ。

ここまで、日本人とユダヤ人の共通性を調べあげ列記してみたが、「いや、すべてこじつけにしか過ぎない、ユダヤはユダヤ、日本は日本、文化的繋がりなどあるはずがない」と言い切ることが出来るだろうか。逆にこういった現代に残る伝統文化や史実を逆転させるだけの証拠を出し、論破する方が困難極まるだろう。

世界的権威トインビーとハンティントンによる「日本文明論」

いよいよ「日ユ同祖論」は真実なのか否かの見解を述べる前に、世界を代表する文明論者であるイギリスのアーノルド・J・トインビーと米国の政治学者にして文明論者、サミュエル・P・ハンティントンの日本論を見てもらいたい。その後に結論を述べることにする。

トインビーは、日本に高い関心を示していて、日本文明に魅せられ、次のような言葉を残し、日本が果たした役割を絶賛している。

「アジア・アフリカを200年（500年の間違い）の長きにわたって支配してきた西洋人は、あたかも神のような存在だと信じられてきたが、日本人は実際にそうではなかったことを、人類の面前で証明した。これはまさに歴史的な偉業であった。……日本は、白人のアジア侵略を止めるどころか、帝国主義、植民地主義、人種差別に終止符を打ってしまったのである」。　※（　）内著者注

「1840年のアヘン戦争以来、東アジアにおける英国の力は、この地域における西洋全体の支配を象徴していた。1941年、日本は全ての非西洋国民に対し、西洋は無敵ではないことを決定的に示した。この啓示がアジア人の士気に及ぼした恒久的な影響は、1967年のベトナムに明らかである」。

また、トインビーは1967年に伊勢神宮に訪れた時、こう記帳した。「私はここ聖地において、すべての宗教が根源的に統一されたものであることを実感する」と。

彼は神道の中にこそ、宗教の原初的な普遍性を発見していたのだった。世界の文明を研究し尽くし、文明論の頂点に君臨するトインビーは日本を特別な国家として賛美したのである。

更に、アーノルド・J・トインビーの影響を受けた米国の国際政治学者、サミュエル・P・ハンティントンは、著書『文明の衝突』(集英社)の中で、今日の世界は、文化的なアイデンティティーの違いにより、「8の文明」に区分出来るとした。それは、特筆すべきものだった。日本人は、よくよく世界での日本の位置付けという客観的な評価を知っておくべきである。

①キリスト教カソリックとプロテスタンティズムを基礎とする「西洋文明」
②ロシア・東欧による「東方正教文明」
③「イスラム文明」
④「ヒンズー文明」
⑤儒教を要素とする「シナ文明」
⑥「ラテン・アメリカ文明」
⑦「アフリカ文明」
⑧そして日本、一国だけの「日本文明」

注目すべきは、他の7つの文明は、多くの国々があわさった宗教を背景とした集合文明なのだが、「日本文明」は日本国、一国だけの単独の「文明」であると位置付けされたことだ。

東洋の事情に精通していない西洋人は、日本をシナ文明の延長であったり、シナ文明そのものと錯覚している人も多かろうが、ハンティントンは決して、日本をシナ文明と同一視したり、シナ文明の一部としたりすることはなく、シナとはまったく異質の文明圏と断定したのだった。

これは大変なことだ。世界の文明を研究し尽くした歴史に名を残す文明論の世界的権威が、そろって、日本の文明を賛美し、世界のどこの文明圏にも属することのない、特質したオリジナル文明であると言っているのである。他の文明と明らかに違い、独自性、特有性があるから「文明」と呼ばれるのであり、しかも、その「文明」が同一民族・同一言語の一国だけで完成され、今も世界中に影響を与え、異彩を放っているというのであるからして、これは奇跡としか言いようがない。

その文明の原点には日本列島の「天地創造」があり、そして今の宮崎にあたる高千穂の地に「天孫降臨」が行われ、神々が地に降り立ち、遂には大和の国を統一して神武天皇が橿原で即位し、その血族である皇室が１２６代にわたり脈々と続き、未だに現代に残り、その末裔の天皇陛下が世界の要人と接しているという事実は本当に重い。

そして、死しては高天原と呼ばれる天上界があり、高天原に棲まう神々が日乃本の国に住む日本人を指導しておられる。その日本神道の信仰形態の象徴が伊勢神宮にある。このような国は二つとない。

ユダヤには独特の選民思考が根付いているが、日本人は謙虚を旨とする民族なので、ユダヤ人のように自分を高くすることを決してしない。しかし客観的に見ても日本人こそ神に選ばれた民族であり、神と共につくり上げたのが日本文明である、と言えよう。トインビーは伊勢神宮に詣でて、その厳かで圧倒的な歴史と神々の臨在を肌で感じて、「私はここ聖地において、すべての宗教が根源的に統一されたものであることを実感する」とコメントをしているのだ。また、伊勢志摩サミットで伊勢神宮を表敬した各国首脳たちも、すべからく畏敬の念を抱き、絶賛した。

文明論の両雄のトインビーとハンティントンが讃える世界に冠たる「日本文明」が、ただ単に外国勢力でしかないユダヤの決定的な影響を受けた上に存在し得た文明としたり、はたまたユダヤが日本を支配し、天皇になったが如く解釈するのは失礼を通り越し不敬である。日本は高度な文明を誇った、アジアから太平洋にあった失われたムー大陸の末裔の文明であり、それが大和民族となったのであると思う。だからこそ、世界の中でも卓越した技術、卓越した宗教性、道徳性を発揮する異彩を放つ民族なのである。

ユーラシア大陸から朝鮮半島を経由して、日本に渡ってきたとする日本人起源説は誤りである。日本人男性のDNAはアジア人の中でも特殊であり、62%もの日本人男性は、中国・朝鮮の男性とは異なる日本人男性特有のY染色体遺伝子を持っているのだ。この事実が、日本人はユーラシア大陸から渡ってきた人種ではなく、南方にあった高度なムー文明を持つ大陸から渡ってきたエリート民族であり、既述したように、ユダヤ人の染色体と同じ仲間に属すことを証明する。よって、野蛮かつ品性のかけらもない中国・朝鮮人と比較しても、まったく類似点がない理由を完璧に説明出来る。

「日ユ同祖論」に対する意表をつく2つの答え

よって、これは結論であるが、短絡的な意味での「日ユ同祖論」は間違っており、シオンの

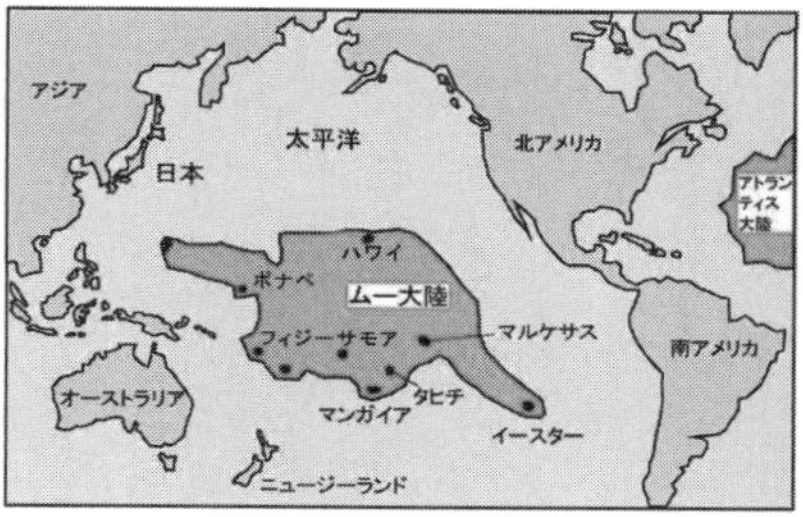

かつてあったとされるムー大陸の位置

地を追われ、アジア、中東、アフリカに拡散した十支族のいくつかの支族が、日本本土に流れ着き、そして大和の国に移民し、その中で彼等の文化、技術などの影響を与えたものであり、決して両者を同族視していいものではない、というのが私の「日ユ同祖論」論議に対する明確な解答である。この答えは予測出来ただろう。

しかし、この結論は「失われた十支族」を起点とした「日ユ同祖論」に対する答えであり、更に悠久の昔に歴史を遡れば答えは違ってくる。これがオカルト、つまり隠された世界だ。

どういうことか？　ここからは推測であり、歴史的な証拠はないが、あえて言っておかねばなるまい。やはり「ムー大陸」に両民族の特殊な類似性の起源があると見るべきだろう。「ムー大陸」が沈む時、生き残った一方の民族は北へ逃避し日本人となり、もう一方の民族は、東南アジアに上陸し、西へ西へと向かった。

そして西に向かったムー人は、いつしかメソポタミアに定着するようになった。それがヤーヴェの声を聞き、カナンの地を目指したユダヤ民族の起源でもあろう。つまり、日ユ両民族とも「ムー」に起源をおくことが共通しているので、両者には類似性があり、そして他の民族を圧倒する優秀性を備えているのであると思う。

つまり日本人とユダヤ人は、共に「ムー」時代まで遡ってしまえば「同祖」になるということだ。そして数千年もの時が経ち、因果は巡り、両者は引き寄せられるが如く、中東で生き延び「ユダヤ人」と呼ばれていた「ムー人」が、国を追われて今度は東へ東へと旅を重ねて大和の国で再会を果たしたのではないか。まさしくミステリーの世界だが、因果は巡る法則でもある。

何故そのようなことが言えるのか。その証拠が1つだけある。両民族の類似性の決定的なところはどこにあるかと言うと、それは「宗教性」だ。神事の中にこそ決定的な類似性、いや、同一性があった。あれは、両民族が再会する前から類似していたと見るべきではないか。その民族の伝統と出自は、結局、その民族の信仰形態に表れる。宗教こそが民族をつくり、宗教こそが民族を分かつ。

日本神道の儀式、ユダヤの儀式、そして両者の信仰の中にある秘儀（イニシエーション）、そこにこそ決定的な同一性がある。つまりこうだ。

「ユダヤ人が日本の信仰や儀式に影響を与えた」と、ユダヤ人研究家も日本人の研究家も、異口同音の見解を示しているようだが、そうではなく、両者の信仰する形態は出会う前から一致した点が多く、出会って素直に融合したと、解釈してはいかがであろうか。

何せ、日本の歴史は神が降臨し続けた奇跡の歴史（ユダヤ人も預言者という神が降臨し続けた歴史があり、ここにも両者の類似性がある）であり、ユダヤ人が海を渡って来る前から完全に確立された日本固有の「神道」という宗教が厳然とあったのだから、何もユダヤ人から信仰を教えてもらう必要などない。同祖が同祖である理由は、信仰が同祖であるということに尽きる。つまり、同祖なので神様も同じということ。

今の教科書に載っている四大文明を人類の文明の発祥として捉えたなら、こういった結論はないだろうが、教科書では決して教えてくれないもう一つのカレンダーをめくったら人類の歴史が連綿と続いている。科学的実証精神にそぐわないものは封印し、なかったことにしてしまっているのが世界中で行われている表向きの歴史教育であり、現代文明を第8文明とし、過去幾度も文明は出来ては消え、また新しい文明が起きているという人類文明史観もあることを「常識」としている真の歴史学なる分野もあることを知っておくべきだろう。そしてその根拠となる痕跡は世界中にある(与那国島沖の海底にもムー文明の痕跡といわれる海底遺跡、海底ピラミッドが存在する)。

ムー大陸だけでなく、大西洋上にあったアトランティス大陸、インド洋上にあったレムリア大陸が、超古代文明を持つ大陸として、確かに存在していた。その異質な文明の中には、現代文明を凌ぐ科学技術を持っていた文明もあり、核戦争で滅亡した痕跡も残っている。今その姿形がなく大海原が広がっているのは、大陸ごと海底に沈没したからに他ならない。その古い歴史ロマンから推察すると、ユダヤ人と日本人は同じ民族から分かれた民族であると言えるのではないか。しからば実にスッキリする。

「いや、スッキリしやせんぜ」、と、どこからか聞こえてくる。「同じ神なら何故日本は戦に強く、国が滅ぼされることなく連綿と続き、もう一方は、外国に滅ぼされ続け流浪の民と化したのか」ということが、同祖論を肯定するならば疑問に残るだろう。ならばそれにもお答えせねばなるまい。

神には「繁栄」を司る神もいれば、「祟り神」、「貧乏神」もいる。また、「戦神」もいれば「商売の神」もいる。日本の神も一枚岩ではなく、それぞれの役割を持った神がいて集団指導体制で民族神として国民を導いている。そして、国会でも派閥があるように、神の世界にも派閥がある。ここでいう「神」とはクリエーターの「神」ではなく、その国で生き、そして死に、高天原に還った偉い人、「上」の人を指す。

何が言いたいかというと、同じ神でも日本では礼節、優美、発展、戦などにたけた神が民族神として指導しているが、ユダヤの神はどうやら祟り神が主宰神のようだ。だからあのように祟られ、国家がなくなるまで行ってしまう。しかして、同時に日本人が敵わない神も、ユダヤにはついているようだ。それが商売の神だ。だから世界の富の3分の1を有するまでになる。

もう少し分かりやすく言おう。オウムの麻原彰晃を神として拝み、祀り上げ、それを信じてついて行った結果、殺人犯になり、裁判で有罪となり、死刑が確定し、死刑になる連中がいる。母体である教団も解体され破滅した。麻原は犯罪者の親方だが、あれを「祟り神」と置きなおして考えてみればよい。その神を信じていくと「破壊」を招く「神」もいる。当然、その逆の結果を招く「神」もいる。

これが両民族を導く「神」の違いであるのだろう。その「神」の種類の違いが、日本、ユダヤ両国の歴史をつくったと言ってよいだろう。

「日本」と「イスラエル」が並び立つ時、世界が変わるかも

いずれにしても、ユダヤの民には卓越した優秀性があるのは事実だが、日本人もまた、世界に類のない優秀性を発揮し続けている。そして日ユ両雄の民族が並び立つことにより、世界が変わるとした旧約聖書の預言が残っている。それはエゼキエル書の預言者・エゼキエルの「やがて終末の時代にユダヤの家（ユダヤ人）とイスラエルの家（十支族）は合体し、

一つとなる」という言葉である。

それは終末の時に、「イスラエル」と「日本」が並び立ち、世界を引っ張って行くことを預言したのかもしれないし、実際に一体化していく未来を暗示したのかは分からない。あるユダヤ人は「聖書のエゼキエルの預言は、日本人が自らのアイデンティティーに気付き、ルーツに立ち返り、イスラエルの地に戻って来る時、この預言が成就する」と信じている。

彼らにとって聖書は絶対である。幾多の困難苦難を経てカナンの地に帰還し、「イスラエル」というユダヤ人だけの国家を、神の導きにより奇跡的に再建出来た彼ら側に立った時、「失われた十支族」の正当な継承者である「日本人」となってしまっている我らの同胞である、「日本人」という名の「ユダヤ人」が、いつしかイスラエルに還って来ると信じている人たちがいる、いやそう信じている国家がある、ということを我々日本人は知っておくべきだろう。

いずれにしても、古い歴史を持つ両国が、21世紀に文明を一段引き上げる大きな発火点になるような気がする。が、もう一つは、ユダヤ民族の有する「毒」、ユダヤの民族神の「毒」

が世界を巻き込み、最終戦争を起こす引き金になる役目をする可能性も秘めている。そして、彼らにとったら「失われた十支族」の末裔の日本が、その終末の時、おそらく大きな役割を果たすようになるのかもしれない。

大きな役割とは、イスラエルとアラブの仲立ちを演じ、爆発寸前となっている彼らの鉾を納める働きをするかもしれないということである。日ユ両民族のカルマが、数千年の時を経て未来を変えるかもしれない。

そして今、日本とイスラエルの関係は大変に良好だし、日本とアラブ諸国との関係もよい。中東の地で火を噴き、砂漠の地に降り立った米国は、中東では人気がなく敵が多い。キリスト教とイスラム教の信仰の違いもあり、決定的に両者は離反している。がしかし、日本は別格であり、国力を背景にレフェリーの役割を演じることが出来る立ち位置にいる。宗教の違いによる争いも一切ない。

両陣営に話が出来る国は世界中探し回っても他にはない。白人国家は彼らイスラムにとっては敵であるし、ユダヤ人は敵の中の敵である。中国など入る隙もない。しかし、文明圏が異なり、彼らが尊敬している日本だけは唯一違う。それが、未来への可能性を示している。

和歌山県串本沖で遭難したトルコのエルトゥール号の乗組員の救出を、今でも教科書で子どもたちに教え、日本に感謝し続けるトルコ人のように、また、ヒトラーの迫害によりユダヤ人が命の危機に瀕している時に、ユダヤ人に対し、無条件でビザを乱発して数千人のユダヤ人の命を救った杉原千畝や日本人への感謝は、ユダヤの人々は決して忘れることはない。

そして今、中東のテルアビブへ行けば、世界の最先端技術に出会えるほどイスラエルの技術力は、日本と同様に高くなっている。私はテルアビブまで旅をして、自分の目でそれを見てきた。世界平和のために、驚くほど似ている両者が手を携えていくことが世界のためになるであろう。

※YouTubeの桜大志チャンネル「日本人とユダヤ人　驚愕の共通点　～日ユ同祖ミステ

リー ムー大陸起源説～」もご覧下さい。

Column

世界から憧れられる、ニッポン

ここまで、日本人の自虐史観を見てきたが、本来、日本がいかにすばらしいか、そのほんの一部をここに記すことにする。ここではどの国のことも、誰のことも批判はしない。とても平和的なページだ。小休止がてら読み進めていただきたい。これが、日本人としての誇りを取り戻す一助になれば幸いである。

「日本」が世界一のブランド国に！

米国ブランド・コンサルティング会社のフューチャーブランド社が、２００６年から発表している国別ブランド評価ランキング「カントリーブランド・インデックス」の２０１９年版で、日本が初の1位に選ばれた。これは、世界規模で各国に対するイメージや認識を調査するもので、本調査は頻繁に海外旅行を行う17カ国の旅行者1530名を対象に行われた。日本は前々回の4位、前回の3位からさらに順位を上げ、ナンバーワンに輝いた。

まず、日本人自身が日本に抱くイメージと同じく「熟練している分野」、「原動力となる分野」は、ともに「テクノロジー」が最も大きな割合を占め、「停まらず前進しつづける国。ロボット技術や工学で世界を上回っている」と分析されている。しかし、世界の日本への評価ポイントは技術力の高さだけではない。

左記に列記した「日本を一言で表す言葉」からも垣間見えるように、伝統的な日本文化の他、現代日本の文化や生活レベルでの日本人的な価値観への関心が高まっているのだ。

「献身的」、「東京」、「知性」、「夜遊び」、「テクノロジー」、「武士」、「文化的な生活」、「静」、「桜」、「先進性」、「儀式的」、「アニメ」、「漫画」、「酒」、「トヨタ」、「教育」、「お金」、「安全」、

「美しい」、「品質」、「友好的」、「自然」、「伝統」、「清潔」、「富士山」、「寿司」、「車」、「規律を守る」、「尊敬」、「美食」、「ブランド」、「エレクトロニクス」、「ファッション」、「文化」、「広島」、「茶道」、「芸者」、「食べ物」、「島」、「野球」、「遺産」、「津波」。

本調査での分析でも「取引相手としてだけでなく、文化的にもユニークな国。日本にいることはユニークである」とまとめられている。広い意味で日本文化への評価が高まったことが順位を押し上げた要因だ。優秀な研究者による鮮やかな成果だけが日本ブランドではない。私たちの生活の中にも実は日本ブランドが息づき、海外の人々に気付かれるまでに成熟してきているようだ。

世界一豊かな日本人

2008年のことだ。「GDPの数字が生活時間に合わない」と感じた当時のフランス・サルコジ大統領が、世界に投げかけた問いに対して、2009年に米国コロンビア大学のスティグリッツ教授らが報告書を提出。さらに２０１１年に国連において英国ケンブリッジ大学のダスグプタ教授らが「ＧＤＰに関する新統計を開発すべき」と「包括的な富に関する報告書２０１２年版」を発表した。この指標がＧＤＰの数値に左右されない、真の「豊かさ」を示すものとして定着しつつある。

この国連の新統計は、「人的資本」（労働、知識、技能など国民の能力）、「生産資本」（企業の機械などの設備と、政府が作った道路、港湾、空港などのインフラ）、「天然資本」（地上にある森林・鉱物等の資源、地下にある石油等の資源、海の資源）の3つの資本を数値化し、その合計値で主要20カ国の「相互的な豊かさ」を明らかにしたものだ。更に、この3つの資本の他に「社会関係資本」という国民の信頼関係を加えた4つの資本が、その国の生活の豊かさと経済の持続性を表すとした。

で、結果はというと、「一人当たりの総合的な豊かさ」は、1位日本、2位米国、3位カナダとなり、「人的資本」の数値の高さも、1位日本、2位米国、3位ノルウェーとなり、「生産資本」の数値の高さでも、1位日本、2位ノルウェー、3位米国となったのである。ちなみに「天然資本」の数値は、日本は13位だったが、「健康資本(人的資本の一種)」では2位となった。

つまり、どの分野においても、他国を圧倒して「世界一豊かな国」、それが我が国ニッポンなのである。

日本の大人は世界一の頭脳を持っている

2013年10月8日、世界同時に発表されたのが「大人の学力テスト」の点数だ。正式名称「国際成人力調査」の結果である。これはOECDが24の国と地域の16歳から65歳までの大人に対して2年越しで行った初めての試験。なんと対象者は世界で15万7000人。日本でも無作為に選ばれた5173人が参加した。

この成績が世界中で話題をさらった。日本が3つの分野、すべてで「1位」。それもダントツといったよい成績を残したのである（500点満点）。その中身を見ていくと、平均点を押し上げた要因として「日本の大人はレベルの低い人が少ない」という事実が見えてくる。

「読解力」の平均点は、1位日本、2位フィンランド、3位オランダ、「数的思考力」の平均点も、1位日本、2位フィンランド、3位ベルギー、そして「ＩＴを活用した問題解決能力」の平均点においても、1位日本、2位フィンランド、3位スウェーデンとなっているのだ。

また、米国やドイツの高卒の大人より、日本の中卒の大人の方が成績優秀という結果や、米国やドイツの事務職、サービス及び販売従事者よりも、日本の単純作業従事者の方が成績がよいという、驚くべき結果も明らかにされた。

他国では「ブルーカラー」と「ホワイトカラー」労働者の所得、待遇、社会的ステイタスなどの格差は如何ともしがたいほどの開きが存在し、決して「平等」な社会にはなっていない。もちろん日本国内にも「格差」はあり、賃金格差の是正などが叫ばれているが、日本ほど「格差」のない社会を実現した国家は、地球上他にない。

第4章

誰も教えてくれなかった

「政治・経済」の真実

真実

13 日本にはA級戦犯など存在しない

A級戦犯がいないことは、国際的に認められている

「日本にA級戦犯などいない、存在しない」というのが事実であることを知っていようか？

A級戦犯とは終戦後、東京で開催された極東国際軍事裁判こと、東京裁判により有罪判決を受けた軍人を指す。裁判のテーマは戦争責任の追及が主であった。ちなみにA級以外にB級戦犯、C級戦犯という呼称があるが、保護法益の違いを示す分類でありB、C級よりA級のほうが、罪が重いという意味では決してない。

A級は大東亜戦争の戦争責任を追及され、その罪を問われた者を指し、B級は指揮・監督にあたった将校、部隊長、C級は捕虜の取り扱いにあたった者であり、５９００人もが各地で逮捕された。

この裁判自体、公平性のかけらもなく、勝った者が反対尋問も許さず負けた者を裁く史上最低のインチキ裁判である。ドイツ・ニュルンベルクでも同等の裁判が行われたが、それまで終戦後に戦争責任を追及する裁判などを行ったことはなかった。その「いかさま東京裁判史観」が確立し、未だ現代の日本と世界に強い影響を持ち、日本人の心を蝕んでいる。

日本の主権が回復した1952年4月28日のサンフランシスコ講話条約発効直後の5月1日、法務総裁から戦犯の国内法上の解釈について変更が通知され、戦犯拘禁中の死者はすべて「公務死」として、戦犯逮捕者は「逮捕された者」として取り扱われることになり、その後、数度にわたり国会で、時の野党も含めて圧倒的多数で決議もなされた。

このように連合軍によって「戦犯」と称された人々は、名誉を回復し遺族年金をも払っている。なお、この国会決議は、サンフランシスコ講和条約第11条に基づき、東京裁判に参加した11カ国の了承を得たものである。つまり、日本の国会が主権回復に伴って、勝手に解釈を見直した自己都合のものではなく、極めて国際性のある東京裁判関連各国の同意を得た国内法上の解釈の変更なのである。

サンフランシスコ講和条約が締結され、国際社会に復帰した当時は、あの裁判の判決がいかに仕組まれ、正当性に欠いたリンチ裁判であったことは誰しもが知っていた。そこで米軍の支配が解かれ、主権を回復したわずか数日後に扱いを変更しているのである。

中国や韓国などから、靖国神社に戦犯である者も合祀していることを理由に、国会議員などが参拝したら批判してくる構図がずっと続いているが(今では首相による参拝が出来ないまでになっている)、「日本には法律上『A級戦犯』はおろか『戦犯』と呼ばれる者はいない」、というのが真実なのだ。

だから次のように感情を交えず、歴史的真実から堂々と国際社会で反論すればよい。

「我が国には、A級戦犯など一人も存在しない。70年近く前に既にサンフランシスコ講和条約第11条に基づき、東京裁判に参加した11カ国の了承を得た上で国会決議もしている。よって国内法上、戦犯という言葉も存在しない。ゆえに『戦犯者も合祀している靖国神社にお参りすることは、近隣諸国の感情を逆なでる』というあなた方の論法は通用しない。祖国を護るために戦争で死んでいった英霊を奉るのは、どこの国でも当たり前である。日本の首相も米国のアーリントン墓地に参拝に行くであろう。実に非礼であり、かつ、内政干渉である」

おそらく現代の国会議員たちは勉強不足、いや東京裁判史観の奴隷となり果ててしまい、こういった真実を知らないはずである。だから私のように反論する言葉を持たないで、謝罪を繰り返し、挙句の果てに参拝出来ない状態まで追い込まれていくのである。こういう輩を日本語で無知蒙昧な「愚か者」と言う。

真実

14 消費増税が失われた25年を牽引した

経済が鈍化したのは消費増税が原因

私は、「今のタイミングでの消費増税は、日本丸を沈没させ亡国の憂き目にあうことだろう。国民も官僚も政治家も御用学者もマスメディアも、そのことを理解していない」と2019年10月の消費増税前から警鐘を鳴らしていたが、案の定増税は日本経済を奈落の底に突き落とした。

総理在任中、生粋の増税派に変身した安倍元首相は、運よく消費増税を施行してすぐの2020年1月よりコロナウイルスに襲われたため、消費増税による経済のマイナスが吹き飛ぶほどの空前の景気後退に見舞われた。そのために消費増税の功罪の追求が消滅し、コロナ一辺倒の報道になってしまった。コロナ禍の到来というどさくさに紛れて、失政であったことを知りながら知らん顔している。この男は本当にツイている。

その証拠に２０１２年12月から始まった景気拡大が２０１９年10月の消費増税で終わっていたことが明らかになっている。政府は当初官製アナウンスで「戦後最長」の可能性を指摘していたが、記録更新は幻であった、とその後訂正している。

消費増税は２度の延期をしたが、昨年10月に消費増税をしたことによって景気後退を促したのは明白である。２０１９年度第三四半期（10月〜12月）の実質国内総生産（ＧＤＰ）は、年率換算でマイナス7.1％と、酷い景気後退を数字が裏付けているが、この時期はコロナによる影響はゼロなので、純粋に消費税による消費減退を表している。

安倍元首相と食事を繰り返していたお友達大手メディアは、安倍内閣に懐柔されてしまい、批判を避け、真実を隠ぺいしているが、消費増税を実施した政府の判断を批判する声は至るところにある。消費増税をするたびに国民の消費が鈍ることを知りながら、度重なる消費増税を続け、更に消費税率を上げることを目論む不見識な日本の税制の闇と、消費増税後の景気後退の真実を暴く。

経済の原則

世界が経済成長している中、ただ一国だけマイナス成長の日本。「失われた25年」を、全世界でただ一国、日本だけが体験せざるを得なかったのは、ひとえに日本政府の政策が間違っていたからに他ならない。要は日本が絶対に成長しないような政策を掲げ、努力をしてきた結果、今の衰退した日本がある。

97年の3％から5％への消費増税以来、一貫して増税路線を走り続けた結果、ＧＤＰは停滞し、消費は落ち込み、その結果デフレスパイラルに陥り、国民の所得はナイアガラの滝の如く落下し、国民は等しく貧乏になった。

経済の原則を簡単に言うと「誰かの消費（支出）は誰かの所得になる」の一言に尽きる。「所得」が先ではなく、「消費（支出）」が先にあるということを言い表している。つまり「消費（支出）」をしなかったなら「所得」はないということ。

消費が「先」で所得は「後」だ。だから消費を推進する政策が国民という個人を富ませ、ひいては国家を富ませることになる。ならば消費をしたくなるようなこと、消費が思う存分出来るようにしてやればよい、ということなのだが、逆に消費の障害物を大きくしようとしているのだから、無知無明そのものである。

消費をしたら罰則があると言うなら、国民は消費をしなくなるし、消費したくとも、消費するだけの収入がなければ消費出来ない。今の日本は消費をしたら罰ゲームがあるようなものだし、消費したくとも生活防衛のために消費を控えるマインドになってしまっている。消費税という障害物が消費を阻んでいるというわけだ。

国民が消費をしないことに連鎖して所得が減り続けてきたのだから、その因果関係を知って課税政策をしなければならないのだが、それとは別の次元の「かくあるべし」で突き進むので、大事故を起こしても不思議ではない。

何度でも繰り返して言う。「誰かの消費は誰かの所得」の原則通り、誰もが消費を控えることによって、日本人全体の所得は減ることとなった。極めて簡単かつ端的に今の日本の現状を説明すると、こういうことだ。

経済やセールスの世界では「計画」→「実行」→「反省」→「計画」→「実行」……を基本としている。これを英語になおすと、「Plan」→「Do」→「Check（See）」と表現する。計画を立てて実行してから成果を見たうえで、当初の推論が当たっていたかどうか検証し、それが間違っていたなら軌道修正する。そうして再び新しい計画を立てて実行するというサイクルを繰り返す。こんなのは経済の世界では当たり前である。

しかし、こと政治や役人の世界では、必ずしもこの基本の考え方が出来ていない。成果が出ようが出まいが、時代が変わろうが変わるまいが、今までそうだったからと過去を踏襲して新しいことをしなかったりする。

中国が軍事大国となり、覇権主義を掲げて侵略計画を立てようが、北朝鮮が核弾頭ミサイルの開発に成功しようが、日本は憲法9条を改正しようとはしない。日本の政治家は、特に環境に適応する能力に著しく欠けている。

ダーウィンは『種の起源』で、「最も強い者が生き残るのではなく、最も賢い者が生き延びるのでもない。唯一生き残るのは変化出来る者である」と格言を残しているが、ダーウィンに言わせると、憲法9条を変えることさえ出来ない日本の政治は、生き残ることが出来ない種族ということになる。

この奇妙な体質は、経済政策の分野でも同じだ。その結果、今まで失敗し続けてきた消費増税を再び行ってしまった。失敗したことを改めることなく同じようにすると、また同じように失敗をする、という小学生でも分かるようなことが、頭のよいはずの先生方は、どうやら分からないのである。その結果、日本国民は等しく貧乏になっていっている。消費増税をしたら税収が上がると錯覚して、増税を繰り返す日本政府は、絶滅危惧種と言えるのではなかろうか。

では、「過去の消費増税で日本の税収は増えたのか」、「国民の所得は増えたのか」、「国家のGDPは増えたのか」。そのことを誰でも検証出来る数字を見ながら進めていこう。財務省が税率を上げるのは税収増を見込んでのことであり、増税をしてもトータルで税収が増加しなかったならば何の意味もない。国民に重税感を与えただけで、国全体の富が増えないのならしないほうがいい。

消費増税過去3回を検証する

竹下内閣の時代に初めて3%の消費税という、一般消費物に税金を等しくかける徴税システムが導入された。次に増税を行ったのは、橋本内閣の時代で、3%の消費税率を5%に上げた。そしてその次は、第二次安倍内閣の時代。5%から8%に増税した。このように日本には、過去3回分の検証材料がある(その後、税率10%になったのはこの1年のことなので、今回の検証には含まない)。

しかし過去の検証については、その結果をミスリードしたり、消費税以外に責任を転嫁したり、消費税は無前提に税収増になると決めつけたりしてきたものだから、消費税の実績について、客観的な国民的コンセンサスは出来ていない、と言うのが現状ではなかろうか。

2014年の消費増税時の統計数値は真実を語る

２０１４年の消費増税前後の各世帯の年間消費額に注目したい。消費増税前は、各世帯は年間３６９万円を消費する勢いを持っていた。しかし、消費増税直後から支出額は激減していく。そして現在では３３５万円へと縮小してしまっている。政府は消費税という類の税金を決して「罰金」と思っていないのだろうが、消費者側からすると明らかに「消費行動についての罰金」のようなものに見えてしまう。また消費税というネーミングもよくない。消費すると税金がかかるという連想が働くからだ。

だから消費を控える行動をするようになる。しかもあらゆる税金の中で、消費税だけが消費をしなかったら納税しなくて済む種類の徴税システムであるので、国民はそれを大いに行使することになる。かくして消費税を上げるたびに、必然的に消費にブレーキがかかることになるというわけだ。節倹節約と貯蓄が習い性の日本人は、消費税という類の税金との相性が悪い。

米国人は貯蓄が苦手で消費を先行させる国民性だし、イタリア人に至っては貯蓄を全額使い切って死ぬ民族である。ロシア人はごく一般的な庶民がモスクワ郊外に別荘を所有して週末を過ごす。このような傾向の民族と、日本国民にとっての消費税の捉え方はまったく違う。間抜けな学者や政治家やメディアの連中が、「海外にはもっと消費税率が高い国はいくらでもあり、それで消費は活発に行われている。日本の消費税率はまだまだ安いくらいだ」と発言しているが、社会保障の重負担や国民性を無視した戯言である。

彼らは日本人の貯蓄額が、何故圧倒的に世界一であるかを理解出来ていない。そのような国民に消費税という罰則か罰金か知らないが、消費行動の「関所」を設けたら、消費をこぞって控える。それが日本人なのである。

いずれにしても、日本人の世帯平均において、消費増税によって実に年間34万円もの消費を削ることになったことは事実であり、政府はその数字を重く受け止めねばならない。別の角度から論ずると、消費税によってその増税分だけ可処分所得が減少したとも言えるし、その結果一世帯当たり年間34万円も節約せざるを得ない貧しい暮らしを余儀なくされるようになったことを示している。

政府自民党の、消費増税後の経済上の良好な各指標とは裏腹に、消費増税以降は庶民の暮らしは確実に苦しくなっている。「消費増税」という徴税制度は、平たく言うと、「政府が国民から巻き上げるお金の額を増やす」ことを意味しているのだから、巻き上げる方は嬉しいだろうが、巻き上げられる方はおのずと防衛に入る。当然のことである。国民は自由になるお金が減るので、消費する額も減ると言えるし、仮にお金があっても消費意欲は減退する。それが年34万円の消費減という結果に表れている。

経済大国日本の栄光

ここまで、「2014年の消費増税によっていかに消費が冷え込んでしまったか」、その事実を検証した。次に時代を遡って1997年の3%から5%への消費増税では、いかなる事態を招いてしまったかを検証する。それは国民が思っているより、はるかにダメージが大きかったことを浮かび上がらせることとなるだろう。

平成生まれの人は、生まれて以来ずっと不況の世の中で育っているので、日本の成長期を知らない。とっても可哀そうなことだ。日本は米国に次いで世界第2位の経済大国であったが、2位といっても、3位、4位、5位のドイツと英国とフランスの経済力を合計しても凌駕するほどの2位であり、3位以下を圧倒していた。当時の日本はまさに「向かうところ敵なし」という様子で、米国と並んで2人勝ちの経済大国であった。

何せ米国と日本の経済力は、両国を合わせると世界の42％を超えていた。それほどの富を両国で独占した時代が、確かにあったのである。この42％という数字がピンとこない人に分かりやすく言うと、日米両国のたった2国だけで、世界中の所得の40％を独占していたということだ。そう解釈すれば、いかに両国が富を得ていたか理解出来るだろう。

その内訳は、日本のＧＤＰが17・5％であり、米国のそれは24・6％であった。今も昔も日本より米国の方が人口は多いので、世界シェア率は2位であったものの、1人当たりのＧＤＰは世界一になっていた時代が確かにあった。強い者は嫉妬されるが、弱い者は嫉妬を受けない。米国は金満日本に嫉妬し、仮想敵国にしていた時代があった。

世界でもわずかな面積しかなく、資源がほとんどない極東の島国が、第二次大戦で大敗を喫し、焼け野原の中から奇跡の高度経済成長を遂げ、遂には国民一人一人の豊かさを示す1人当たりのGDPがトップに躍り出たのであるから、その経済的繁栄ぶりはすさまじいものがあった。残念ながら今の若い人は、その時代の空気を理解することは出来ないだろう。

国民1人当たりのGDPが世界一となった年は、1993年から1994年であった。その後ルクセンブルクとスイスがデータを修正して世界1・2位に躍り出たため、日本は3位に下がったとはいえ、当時、この2カ国とトップ争いをしていた国であったのだ。

ただし、スイスやルクセンブルクは、G7に入る余地さえないほど重産業のない人口小国であり、1億人を超える人口大国である日本が世界一を成し遂げた実績は大きい。直近の2018年では1位はルクセンブルク、2位はスイス、3位はマカオ、4位はノルウェー、5位はアイルランド、6位はアイスランド、7位はカタール、8位はシンガポール、そして9位に米国、10位にデンマークと続く。

米国を除くすべての上位国は、見ての通り国別GDPランキングの上位には登場しない人口小国のオンパレードであり、人口大国でありながら、国民すべての豊かさを実現出来た日本は別格である。経済指標を改ざんしながらも、一応世界第2位の中国の1人当たりのGDPは、未だに72位にしか過ぎないことを見れば、1億総中流階級意識を持てた日本の富の平等性の実現は、人類の理想を実現した大国と言えるだろう。まぁ、それが社会主義の理想を自由主義国で実現した唯一の国、「日本」であると言える理由である。裏を返せば、富の分配をする社会主義的な国家運営をしているということでもある。

貧乏になった日本

「2018年 国別一人当たりのGDPランキング」で、今の日本の順位はというと、26位まで低落してしまっている状態だ。当然、ドイツ、英国、フランスの後塵を拝し、イスラエルにも負け、25位のアラブ首長国連邦の次に位置する。それほど日本という国は一言で表すと、ものの見事に「貧乏」になってしまった。見る影もないというのは、日本のことを言う。そして日本人を貧乏に追いやったA級戦犯が「消費税」と断言出来る。本論考は数々のデータを通して、より説得力をもって事実を突きつける。目からウロコとなるであろう。

当然、日本を奈落の底に追いやった政策は、当時の大蔵省であり今の財務省、そして自民党の政治家が推進した税制であるので、両者が日本の貧乏神である。税収を増やしたいからと、消費税を導入し、定期的に税率を上げて、その度に国民は貧乏になり、その結果、消費増税不況をつくりだし、国家の税収まで減らす彼等の不見識さは万死に値する。

GDP世界シェアが3分の1にも低下した弱体日本

さてさて、日本のGDP世界シェア率は最盛期の17・5%からどこまで下がったかというと、実に5.9%（2015年）まで下がってしまっている。世界シェア率を3分の1まで低下させる方法とは、一体どのような政策なのか？　どういった方法を講じれば、そうなるのか教えてほしいくらいである。どれだけ経営がヘタクソでも、世界2位を26位にまで叩き落とす国家運営とは、国家経営の無免許運転と言える。その間の「あらゆる政策がすべて間違っていた」と表現しても過言ではないだろう。いずれにしても、上り詰めた日本は奈落の底に落ちた。

国民所得が26位まで落ち、世界シェアを3分の1の5.9％にまで短期間で減らす芸当がどれだけ難しいか、自動車業界に例えればよく理解出来る。日本の主要自動車メーカーは8社ある。このうち最も高いシェアを誇るのはトヨタであり、国内登録者の50％にも上る。2位以下を圧倒するトヨタは、ランチェスターの法則的な観点で論ずると圧倒的王者ということになる。その王者トヨタが10年～20年で転落し、スズキ、ホンダ、日産に抜かれ、シェア率を3分の1の16％に下落させるというのは、とても考えられないだろう。ところが日本はＧＤＰでその考えられない没落をやってのけた。

日本の経済成長は世界中から「奇跡」と称されたが、日本の急速な衰退もまた別の意味で「奇跡」である。このようなことには普通ならない。

日本の墜落と停滞のうちに急速に浮かび上がってきた国があった。そう、中国である。

中国のGDP世界シェア率は約15％で、米国のそれは約25％だ。両国を合算したら40％になる（中国の数字はあてにならず実状は違うという見方もあるのだが）。このシェア率を見ると、ちょうど全盛期の日本の代わりを中国が果たしていることになる。我が国は「経済大国」の地位を中国に譲り渡してしまったのであり、今は、「金持ち」でも「世界の工場」でも何でもない。とうの昔に栄華を誇った普通の国にしか過ぎない。

平成生まれの日本の若者に言っておくことがある。日本の快進撃の時代を想像出来ないのなら、米中の貿易戦争勃発以前から既に中国経済の凋落は始まっているものの、一頃の中国の快進撃が、1980年代から1990年前半の日本の姿であったということを思い浮かべてほしい。どれだけ当時の日本に勢いがあったか分かるだろう。

1人負け「日本」の真実

GDPの世界シェア率は、米国もヨーロッパもまったく凋落していない。つまり日本だけが激しく衰退した訳だ。「1993年、1994年の日本は世界1位の金持ち国であった」と述べたが、この年はバブル崩壊後の年代であり、バブル崩壊によって日本が完全に墜落したのではないことを物語っている。

1位を譲り渡したといっても世界2位、3位を維持していたので、実は「日本はバブル崩壊によって虫の息になったのではない」と断言出来る。政府は1000兆円超の財政出動を為し、日本経済転落を必死に防ぎ、その政策は功を奏した。

米国発のリーマンショックでは、米国も中国も日本のバブル崩壊の事後処理法を真似て、金融政策で乗り切った。それを見ても日本のバブル崩壊後の処し方は的を射ていたと言える。ではその日本がどうして転落していくのか。それが1997年の橋本内閣での消費増税からである。没落時期と消費増税は完全に一致する。1997年こそが日本貧乏化の分水嶺である。それほど消費税は、大国を転落させたり成長を止めたりする役割を果たす。その詳細は後ほど述べる。

世界各国の名目GDPの推移を見ると、1980年代からすべての国や地域は成長し続けていることが分かる。全世界は成長軌道に乗り、世界経済は拡大の一途をたどって

主要各国の名目GDPの推移

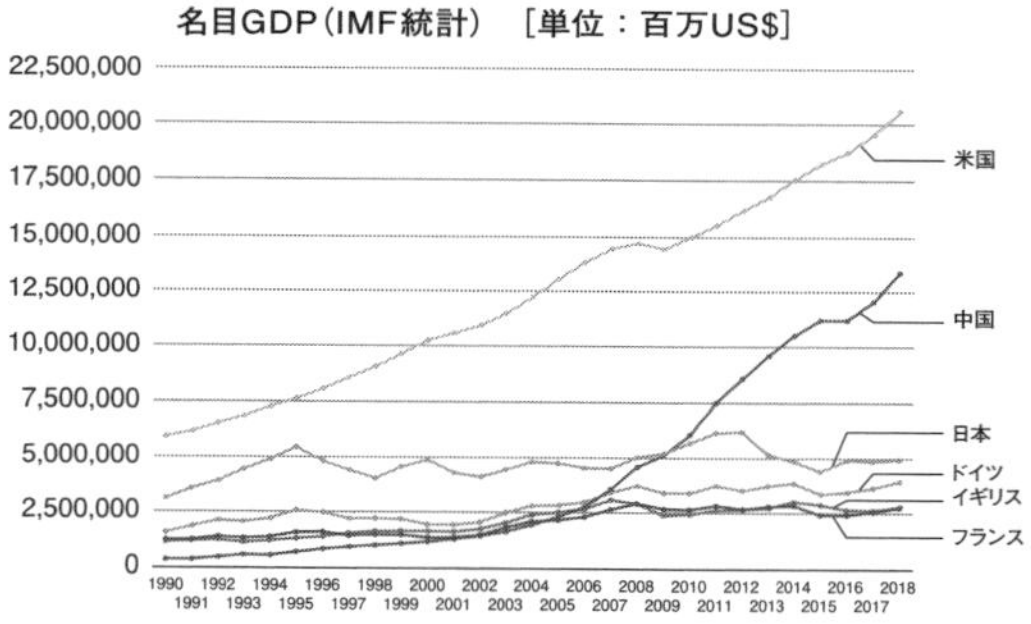

資料：GLOBAL NOTE
出典：IMF

いく。ただ一国だけ成長をピタリと止めて成長しない国があった。それが我が国日本であった。

当初はよくある一過性の不況かと思っていたが、あにはからんや、その停滞と凋落と衰退は20年以上も続くこととなる。誰も、１９９７年を境に不況が長期化し「失われた20年」と呼ばれる時代に突入していくような事態になっていくことを、想像もしなかった。国家の舵取りを一歩間違えたら、国家はこれだけ凋落してしまうことを未来の歴史教科書に残すこととなってしまった。

その間に新興国、発展途上国は一国の例外もなく成長して、昔よりはすべからく「金持ち」になった。そして先進国も、例外なくこぞって成長し一層「金持ち」になった。今の香港の平均の昼食額は３０００円だという。日本人で昼食に平均3000円を使う人などほぼいない。物価水準は無論違うが、それは経済成長によりインフレ化し、物価が上がり、その分賃金・所得も上昇することによって昼食平均3000円という水準となったのである。

各国の20年間成長率ランキング（1995年～2015年までの20年間の名目GDP成長率）

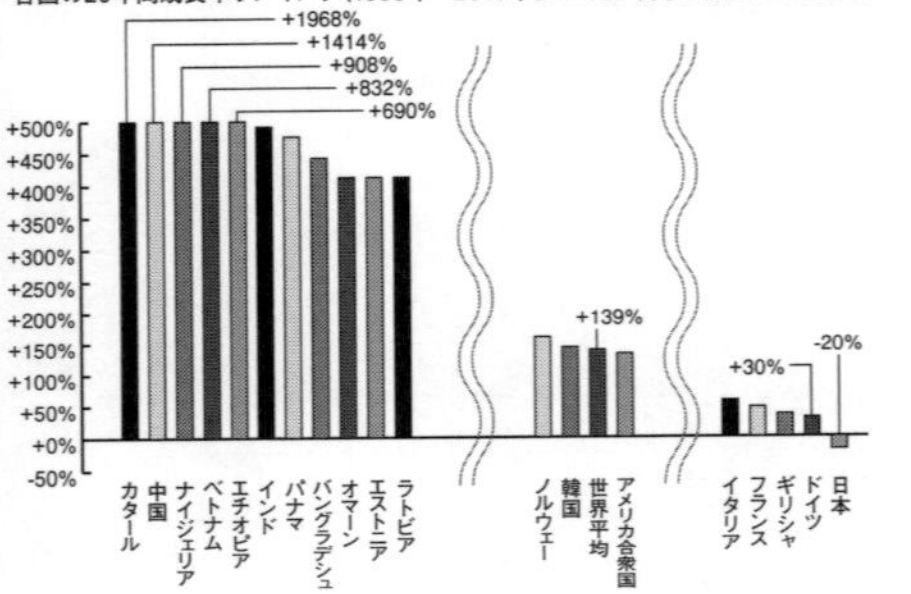

出典：世界の統計2017

実は世界中がインフレ化し、このような香港的現象が広がっているのに、日本だけが蚊帳の外にいるものだから、日本と外国の格差は広がることとあいなった。とにかく世界はこのように金持ち化している。日本を除いて。

日本は経済大国に非ず、衰退途上国だ

上の主要各国のGDP成長率の推移を表すグラフはもっと衝撃的だ。うすうす感じてはいたものの実際にこのグラフを見ると、世界中が経済成長軌道に乗る中で、日本だけが世界で唯一例外の国になってしまっている

ことが一目で分かる。何せ日本は断トツで最下位なのだから。未だに中流意識が抜けない日本人は、目を疑うのではなかろうか。この日本の特異な低迷ぶりが異様であることは、グラフが物語っている。

このグラフの恐ろしいところは、日本を除くすべての国の成長率は「＋」であるのに日本の経済成長率が「－」になっていることだ。１９９５年～２０１５年までの世界平均は１３９％、つまり世界は1.4倍に拡大した。カタールは１９６８％、中国は１４１４％にも成長している。この数値を分かりやすく翻訳すると、カタールや中国は20年間で所得が15倍～20倍にまで拡大したということ。その間に、逆に日本だけが所得が減少に転じたのだから、その上下の開きは大きい。

「いやいや、発展途上国と比較したらそうかもしれない。日本の経済規模の分母が巨大だから、先進国と比較してもそうなのか？」という反論が聞こえてくるので論駁する。

米国の経済規模は日本より上であったものの、20年間でプラス１３５％の成長を遂げている。要は約2.4倍の経済規模になっているということ。そして人口は決して2.4倍になっていないので、米国人は一層金持ちになっている。米国だけではない。他の先進国もこぞって経済成長を果たしている。英国、ドイツ、フランス、どの国にせよ経済規模は2倍超になっている。

もう反論出来ないだろう。先進各国もすべからく経済成長をしているのに、日本のグラフだけが地べたを這いつくばっており、まったく成長していない。いかに日本がこの20年間、世界でも特異な国になってしまっているのか、全国民は認識を改める必要がある。「途上国は成長率が高く、先進国は成長率が低い」などとはとても言えない。先進国の中で日本だけが、唯一成長せず、踏みとどまっている奇妙な国と言える。

消費増税反対の論陣をはる元内閣官房参与・京都大学大学院教授の藤井聡氏は、「日本は経済大国でないばかりか、先進国ですらない」「だとすると日本は発展途上国なのかと言えば、残念ながら発展途上国ですらない。何故なら発展途上国は文字通り発展している国だが、我が国は発展とは正反対の衰退をし続けているからだ」「つまり、我が国日本は今や、先進国でも発展途上国でもない異様な国で……あえて分類するなら世界唯一の衰退途上国とでも言わざるを得ない」と、皮肉交じりの発言をされている。

成長する者だけが生き残る

私は「成長する者だけが生き残ることが出来る」という、人間・企業・国家における「成長原理」を支持、実践し、その効果を立証してきた。「経営塾」を通して、教え導き、拡げる仕事もしている。すべての人類、生命体は、そして企業や国家のような組織までも、常に「成長」をしなければ生き残ることが出来ない。成長どころか衰退するなら何をか言わんやである。

しかし我が国日本は成長が止まって久しい。

だから何としても成長軌道に戻さねばならない、ということになる。成長の原理に照らし合わせると「このままでは日本は生き残れない」ということになるからだ。

金融政策だけではインフレ化しない

日銀の黒田総裁は、成長しない原因を「デフレ経済にある」と分析し、貨幣を刷りまくり市場に供給する「異次元緩和」を為したが、いくら貨幣の供給をしたところで、借入を起こしてまで設備投資をする意欲のある企業が少なく、一向に金を借りてくれない。

日本企業は、バブル時代の銀行による「一斉貸しはがし」の恐怖がトラウマとなり、利益は内部留保に回し、積極的にお金を使おうとしない。かくて需要がないところにジャブジャブと貨幣を供給したところで、お金の飽和状態が生まれ、供給過多となり、遂には禁じ手の「マイナス金利」をしてでも需要を創出しようとしたものの、やはり市場の反応はない。何をしても市場も企業も反応しない。

日銀の金融政策は功を奏することなく、未だに2%のインフレターゲットを達成することが出来ないままである。何が言いたいかというと、それほど消費増税による悪影響が大きいということだ。製造メーカーはモノが売れないと設備投資しない。日本中の消費が鈍り、肝心のモノが売れないのだから、設備投資もしたくない。だから金を借りてまで設備投資をする企業は少ない。結局、もとを正せば「消費」の減退は、すべてに影響しているということである。

モノが売れるような「減税政策」をして、更に「金融政策」をすることにより、消費景気が起これば、製造業もサービス産業も設備投資をする意欲が湧くことだろうが、金融政策だけでは片手落ちであり、言うなれば片翼飛行のようなものである。「減税政策」と「金融政策」をダブルで同時施策をしないと、景気を刺激することが出来ないということなのだ。消費を鈍らせる罰金にあたる消費税をそのままにしておきながら、いくら金融政策に力を入れても限界がある。

1997年からが「失われた20〜25年」

日本の停滞と没落は、1997年に消費税を3%から5%へ増税したことによって始まった。そのカラクリと数字的根拠をいよいよ示していこう。馬鹿な増税派の学者は、1997年からの日本経済の落ち込みを「アジア通貨危機」に責任転嫁している。

彼らは、増税による消費の減退というのは幾分かはあっても、日本経済に影響を及ぼすほどではないと思っている。そして、「増税」＝「税収増」、「税収増」＝「社会保障の充実」という絵に描いた餅を信仰している。決して市場の現象に対して謙虚でなく、素直でもないことが彼らの特徴だ。

だから彼らは、どのような数字を突き付けても、「かくあるべし」という持論（経済理論）を曲げることがない。世の中の現象に対して素直な姿勢はなく、仮に理論通りの結果が出なかったなら、それ以外の責任にしてしまう。責任転嫁をしたら反省する必要がないので、己の理論を軌道修正することはない。そして勉強不足の頭の悪い経営感覚ゼロの代議士は、このような学者の間違った理論にいとも簡単に引っかかってしまう。この局面で2019年10月に10％に増税した安倍元総理も、勿論さっぱり理解出来ていない1人だ。そうでないと絶対に増税などするはずがない。

日本は、1997年まで順調に成長を続けてきた。決して1990年のバブルの崩壊によって成長が止まったのではない。ここは勘違いしている人が大半なので、何度でも繰り返して言っておく必要がある。かくいう私自身も、以前は、バブル崩壊によって成長軌道から脱し、日本は失われた20年～25年に突入してしまったという認識があった。しかし真実は違う。それは数字が物語っている。

確かに、バブルが崩壊した90年以降、成長スピードが鈍化したのは事実であるが、日本経済は着実に成長し続けていた。ところが、問題の「１９９７年」を境に、明らかに状況が一変する。では１９９７年に日本経済にとってどんな決定的な出来事があったかというと、東北大震災のような大きな自然災害もなければ、リーマンショックのような世界的景気減退もなかった。

こう言えば「アジア通貨危機があったではないか」とおっしゃる人がいるだろうが、それは一時的なことだし、リーマンショックのように世界経済のすべてを巻き込むほどの世界経済の減速ではなく、アジアに限られた通貨危機でしかなかった。その証拠に、アジアの各当事国はその後順調に経済回復して、成長軌道に戻っている。しかし、アジア通貨危機の発信源ではない日本だけが唯一、名目ＧＤＰの成長がピタリと止まる特異な推移をしていたのである。

と言うことは、「アジア通貨危機」以外の日本特有の政策、あるいは出来事があったからということになるのではないか。そして、それが橋本内閣の増税である。この増税によって日本経済は一斉に停止してしまった。無論、その後の20年の間には、米国のバブルやリーマンショック、数々の震災、台風、水害などの天変地異、アベノミクスなどの影響を受けて上下しているものの、１９９７年以降、あのかつての力強い成長をしていた日本は失われてしまった。

それほどまでに3％から5％という消費増税が、成長を引っ張る足枷になってしまったのである。そして今もその影響が消えることはない。

１９９７年を境に日本はデフレ化した

経済成長が出来ずに衰退していく現象を、経済学では「デフレ」と呼ぶ。逆に成長していく経済を「インフレ」と呼ぶ。そして１９９７年から日本は「デフレ」に陥ってしまい、それは未だに続いている。デフレ経済下ではモノやサービスの値段が下がる。その結果、給与所得も下がる。デフレ経済ではＧＤＰは伸びない。かくて国民は貧乏になっていく。

１９９７年というのは日本丸の分水嶺になっており、明らかにそれ以前とそれ以降では、日本の状態は劇的に変化した。それは１９９７年までは「インフレ」経済、そして１９９７年以降は「デフレ」経済への転換と言い切れる。

しかし「デフレ」「インフレ」とマクロ経済の話をしたところで、一般の人はピンとこないので、ミニマム化して個人や家庭の収入の変化に置き換えて「デフレ」がどういうものか論じよう。

１９９７年を境に世帯収入は減少した

日本人の世帯収入は、戦後一貫して増え続けてきた。インフレ経済の為せる技である。ところが１９９７年を境に、年間数万円〜数十万円ずつ下落していく状況となった。「賃金が減る」という、今まで経験したことのない状況が出現したのである。そして90年代にピークだった６６４万円の世帯収入から比較すると、２０１３年には１３５万円も下落することとなってしまった。一家の収入総額が１３５万円も減るということは大変なことだ。１３５万円というと奥様の1年間のパート収入を上回る額なのだから、家計的にいうと大きな穴があいた。

しかし、このデフレ経済にはまったのは日本だけであり、世界は一貫して給与所得が上昇し、ＧＤＰは増え続けていたのだから、日本とその他の国々の賃金格差はみるみる埋まっていくこととなった。まるで日本が行進を止めて、皆が追いつくのを待つかの如き現象が起きたということである。

このようなミクロの家計においては、デフレ経済によりすべからく貧乏になり、年間１３５万円も消費することが出来なくなってしまったのである。これがデフレの恐ろしさである。

ちなみに一説によると、１９９７年を境にデフレ経済に陥ってしまうことがなければ、平均的な世帯で、20年間に１５００万円もの所得を余分に得ていた換算になるというのだから、失われた富は大きい。他の平均的な国のように、我が国もインフレ経済が継続し、年率2%~3%の経済成長をしていたら、20年間後の今頃は、一家の収入はゆうに

1000万円超となっているのは間違いない。その結果、国民の消費出来る規模は、今とはまったく違う環境になっていたはずである。

何と言っても「デフレ」は悪である

既に「デフレ化により世帯収入が著しく減った」という事実を述べた。減少した所得は年間135万円にも上る額であり、それだけ家計からの出費を減らさざるを得なくなった。これが日本中で起きた現象なのだから、当然モノやサービスは売れなくなった。売れないから経済原理上、モノやサービスの価格が下落する。

モノやサービスの価格が下落すれば、その分給与所得が減ることになる。給与所得が減るから、一層支出を抑えることとなる。するとモノやサービスが一層売れなくなる。すると……というように、デフレはスパイラル状に国民を貧乏に追いやっていった。

「デフレは決して悪い面ばかりではない。給与所得が減っても、その分モノやサービスの価格も下がるので、同じように消費出来るではないか」という意見もあろうが、デフレは経済規模の縮小を意味するので、活力ある消費景気社会の実現は出来ない。それに、世界経済は拡大の一途をたどっている中で、ただ一国だけ経済規模の縮小や停滞をしていたら、世界各国との格差が生まれてしまう。

私が幼少の頃の50年前の世界人口は36億人であったが、今は2倍の77億人になっており、まもなく世界は100億人の時代に突入するのは確実視されている。100億人の人間を食べさせるということは、インフレーションの世界をつくらないと食わすことは出来ないのは明白だ。経済規模の拡大を実現出来なかったなら、人類は飢えてしまう。それでなくとも、今でも一部の国では飢饉があるのだから、一層の経済規模の発展を目指す以外に人類の生き筋はない。

そういった世界に住んでいながらデフレ経済に浸かっていたら、日本は蚊帳の外に追いやられてしまうし、それは人類全体にとっても罪なことであると言える。シティグループとゴールドマン・サックスなどの金融機関では、30年後には日本経済はＢＲＩＣＳ（ブラジル・ロシア・インド・中国・南アフリカ共和国）やNext 11と呼ばれる次代の成長国に抜かれ、8位まで転落するとの予測もある。20年間成長しない日本は、終わって安楽死すると見られているのだから、情けない限りだ。

国民所得の低下は政府の貧困化をも意味する

デフレ経済によって世帯所得の低下を招いたことを述べたが、所得の低下は国家にとっても大打撃となったことを、次に述べておく必要がある。

国民の所得が低下してしまったことにより、政府の所得（歳入）も低下した。国民と政府の所得（歳入）は連動し、一蓮托生の関係にある。当たり前のことだが、政府という人物は存在しないので、政府の収入（歳入）というのは、すべて国民や企業から税金を巻き上げることによって成り立っている。だから企業や国民の所得が減ると、政府の所得も減り、財政を激しく悪化させることになる。

例えば日本領土内に石油が埋蔵されており、国営企業が採掘して世界中に石油を売り、外貨を稼いでいるような国であるならば、「国の収入」＝「税収」にはならず、国家自体の稼ぐ収入を加えねばならないが、残念ながら日本にはほとんど何の資源もなく、国の稼ぎはゼロであるから先の公式通りになっている。

今や30兆円~40兆円の赤字国債を、毎年毎年発行することが当たり前のようになってしまい、超赤字国債依存型の予算編成をしているが、1997年の消費増税以前までは、このような天文学的な数字の赤字国債を発行するような財政事情ではなかった。デフレ経済に転換したのは1997年からと既述したが、実はそれと同時期に、正確にいうと1年ずれて赤字国債発行額は鰻登りに上昇することになる。

赤字国債発行額は、それまでの10年間は平均3兆円ほどに過ぎなかったのに、1997年を境にそれこそ一気に増えるのだから、その原因は消費増税にあると言える。このことは後ほど、詳しく触れることとする。

消費増税した後、税収が下がるパラドックス

政府の総税収の推移はと言うと、確かに1997年に一時的に税収が増加しているも

のの、翌年の1998年には、既に増税前の税収から「2.7兆円」もの税収が減少している。血税を差し出した国民は「は？　お前ら、何のために増税したんじゃ」と言いたいことだろう。「増税」は「税収増」になるということで実施するのであり、「税収減」になるのなら実施する政府はない。しかし経済の仕組みは連関しているので「増税」＝「税収増」とは必ずしもならない。

こんなのは、本当は、経済の常識中の常識なのだが、こんな簡単な経済理論が理解出来ない連中が、霞が関にも永田町にもゴロゴロ生息しているので困り果てる。あえて見出しを「消費増税した後、税収が下がるパラドックス」としたが、実際はパラドックスなどではなく、簡単な経済理論である。本論考シリーズの冒頭で「誰かの消費（支出）は誰かの所得である」という、実に簡単な経済の原則を述べたが、それくらい簡単なことである。

「バタフライ効果」により消費増税で甚大な被害が出た

何でそうなってしまったかは、簡単に説明出来る。それは「バタフライ効果」が働くからである。政治家として絶対に知っておかないといけない「乗数効果」さえも理解していなかった菅直人という馬鹿な左翼総理大臣がいたが、「バタフライ効果」と言うと、いよいよついてこられない議員さんが多いのではなかろうか。気象学者のエドワード・ローレンツによる、「蝶が羽ばたく程度の、日常の小さな攪乱でも、遠くの場所の気象に影響を与えるか？」という数値予測の研究に「バタフライ効果」は由来する。

「南米ブラジルの一匹の蝶の羽ばたきによって、遠くテキサスでハリケーンが発生する」というわけである。これは比喩だが、実は世の中の現象として度々起きている。つまり「力学系の状態にわずかな変化を与えると、そのわずかな変化がなかった場合と、その後の状態が大きく異なってしまう現象」のことを総称して「バタフライ効果」と呼称しているのである。

3%~5%への消費税アップは、決して蝶のわずかな羽ばたき程度の微細な圧力、わずかなエネルギーなどではなかった。それは「怪獣モスラ」の羽ばたきを超えていたのである。だから、何もかも吹き飛ばすほどのエネルギーが発生したのだ。消費税を上げたらどうなるかは、ここまで何度も繰り返して言ったのでもう省くが、比喩的に言うと、日本全土にハリケーンが吹き荒れたのである。

ノースショアの大波と日本経済の破壊は、原理が同じ

分かりやすくするために、もう一つの比喩を述べよう。私の大好きなハワイ・ノースショアではビッグ・ウェーブが発生する。そしてその大波を求めて、世界中からサーファーがやって来る。では何故、ハワイのノースショアにあのようなビッグ・ウェーブが発生するのか。地形だけの問題ではない。ノースショアの波が日本海域でつくられることを知る人は少ない。

波がつくられるのは、海原に吹き付ける風の影響。この風が強いほど大きな波が生まれるのである。ノースショアのビッグ・ウェーブは冬の季節に生まれる。ノースショアであっても、夏の波はスモール・ウェーブだ。何故冬なのか、それを説明しよう。日本が真冬の真っただ中、気圧配置は西高東低となっている。この時、シベリア側の高気圧から北海道

沖である太平洋側の低気圧に向かって、強い風が吹き続ける。

約2週間もの間、強い風に吹き続けられた海原では、大きな波が南に向かって進行していく。邪魔をするものは何もない大海原で、波は決して止まることを知らない。ハワイ諸島の北側の海岸ノースショアと呼ばれる一帯に、そのままの勢いで乗り込むために、ハワイでは高波によるサーフィンが楽しめるというわけなのだ。

これだけでは、高波になる理由をまだ説明しきれていない。日本からの波の移動中に、一つの波ともう一つの波が何度も重なり合うことによって、より大きな三角波に成長しながらハワイに向かう。それが幾度も幾度も繰り返しながら成長していく日本発祥の波は、ハワイに向かって何千キロも旅をするうちに、一層巨大化して到着することとなる。これがハワイ・ノースショアのビッグ・ウェーブがつくられる原理である。

「ブラジルの蝶が羽ばたくとテキサスでハリケーンが発生する」ように、「シベリアから日本に強風が吹くことによって、ハワイのビッグ・ウェーブが生まれる」のである。面白いロマンではないか。

では経済の旅を見ていくとこうなる。消費増税により消費に急ブレーキがかかり、モノやサービスが売れなくなるので、価格が下がりデフレ化していく。ミクロのレベルでは平均世帯所得が減少に転じ、企業の業績は下がり、積極的な設備投資をしなくなる。そしてとうとう、企業や個人からの税収は、消費増税による税収増を上回るほど減少してしまう。かくて国家の収入は減少の一途をたどり、赤字国債発行額が鰻登りとなる。遂には、国家は財政赤字が拡大する。国家も世帯も企業も誰も、幸福になれず貧乏化が進む、というわけだ。

これは消費税という「蝶の羽ばたき」、消費増税という「シベリアの風による波の発生」という小さな原因が遠くにいくほど、つまり時間が経過するにつれて、作用反作用の連鎖を繰り返すことによって、経済の停滞と減速を生み出していくということを見事に表している。そして乗数効果が逆に働き、一層経済規模が縮小し、デフレ化していく、最悪の事態を招いていったというのが、日本経済沈没のメカニズムである。

消費増税という蝶の羽ばたきは、国家を奈落の底に落としていった。未来の日本の教科書には「日本の税制の失敗により、日本の成長を止めた」と記されているのは確実だ。今は意見が交錯して価値観が固まっていないが、故渡部昇一氏の著書『かくて歴史は始まる』（知的生き方文庫）で発表されている「虹の理論」の通り、時代が下ることにより、正邪がハッキリすることになることだろう。「虹の理論」とは、虹は近くで見ると虹の実態を観察することが出来ないが、カメラを引いて遠くから虹を見ることにより、全貌を鳥瞰することが出来るとする理論で、時間の経過が事象の正邪の判定をしてくれるというものである。

政府は税収減になる

１９９７年以降、日本経済はどんどん衰退していくこととなる。それはまるで、アイガー北壁から、登山者が一直線に何千メートルも転落するほどの勢いである。総税収は下落の一途をたどり、増税からわずか6年で、総税収が10兆円以上も縮小してしまうのである。日本は１９９７年を境に、とんでもない事態を招いてしまったのである。

税収の激減にどう対策するか？　それは増税ではない。増税するたびに税収増になり財政再建出来るなら、世界中の国々は増税すればよいということになるが、どこもそのようなクレイジーな政策は出来ない。

しかしそのクレイジーな増税政策を、「社会保障の充実」という大義名分により、消費税を目的税に無理やり変えて２０１４年に実施し、そして２０１９年の秋10月に、当時の安倍内閣が再び第2段階目の実施をした。これでは「日本が壊滅する」と恐怖し、それこそ必死でホイッスルを鳴らすために私は本論考を書いている。

自民党政府は、１９９７年の増税の失敗を潔く認め減税すべきだった。後に橋本元総理も「あの時点での増税は間違いだった」と消費増税の失敗を告白したように、当時は誰もが増税による転落を感じていたのだから、そうすべきだったのに、「失敗」と認めたくなくて訂正しなかった。あの時、正直であるべきだった。さすれば日本は、失われた20年を回避出来ていたことだろう。まぁ、「誰もが……」とあえて書いたものの、大蔵官僚、大蔵省の息のかかった増税派議員によって、増税路線を変えることはなかった。

このように政治というものは、現実とはかけ離れた世界の「かくあるべし」で動いている。「かくあるべし」とは、何に対し「かくあるべし」かというと、徴税権を行使して大きな政府を目指すということだ。当時も今も、自民党政治は大きな政府を目指し続けている。つまり政府自民党は、国民から税金をふんだくり、それをばらまく大きな政府を志向し続けてきたということだ。自由を抑制し、政府の権力の拡大を目指してきたので、減税という選択はなかったのだろう。

とにかく記憶してもらいたいことは、１９９７年の増税によって瞬間的には税収増になったものの、１９９８年には大幅な税収減に転じてしまったということ。そして税収減現象は一過性のものではなく、その後長きにわたって持続し、消費増税前以上に税収が減少し続けたのである。

こういうのを世間では「失敗」と言うのだが、政治家も官僚も御用学者も「どうのこうの」と言って、決して失敗と認めないのだから実に率直でない。

そして赤字国債の乱発を余儀なくされた政府

政府の赤字国債発行額は、１９９７年の増税を契機として一気に拡大した。

１９９７年までの政府の借金というのは、今と比較するとずっと低い水準で抑えられていた。当時の水準で推移していたなら、財政赤字が決して１１００兆円という膨大な数字にはならなかった。バブル景気の期間をまたぐものの、１９９７年までの10年間の赤字国債発行額は平均3.1兆円程度に過ぎない。

しかし、１９９７年からその後の10年間の平均の赤字国債発行額は、実に22・9兆円という、それまでより年間20兆円も高い水準になってしまっている。この急激な財政悪化は極端である。３兆円の赤字を20兆円もの赤字に変える力学とは一体何なのか？　それは既に答えを言っているように、「増税によるデフレ不況をつくりだしたことによる日本の衰退」である。

増税こそが、あらゆる面で経済活動を衰退させてしまい、実に年間20兆円もの赤字総額を増やすことになった犯人だ。消費増税によって、まさにバタフライ効果が起きたことをこの数値は教えてくれている。日本の天文学的な数字の財政赤字進展に向けての出発点に１９９７年がある。

税収増を目論んだ「政府」までもが、逆に税収を減らすこととなり、財政赤字を積み上げてしまうことになったのだから、増税というものは、結局、「世帯」「企業」「政府」と三方すべてを衰退させる最悪の政策であったことが分かる。「増税によって日本は貧乏になり、不幸のどん底に落とされた」。これが1997年の増税の果実である。

コロナ禍の先に再び増税がある

そしてその増税の果実は、2014年の消費増税も同じだったし、2020年10月の消費増税も、条件が同じなので類似する結果が出ることになる。ただし、2020年10月の増税は、翌年にコロナ禍という、消費増税の悪害を遥かに凌駕する想定外の疫病の蔓延によって経済崩壊の危機が訪れたため検証しにくい。

コロナ禍の経済対策として、この期に及んでも「消費減税」を選択しない内閣は、消費の推進政策こそが景気浮揚の要であることを分かっていなかった。それどころか、コロナで景気よく使い込んだ政府は、更なる消費増税及び増税を、コロナ禍で目論んでいるのだからどうしようもない。政府は今から大増税の準備に入っている。

コロナ禍の国民への給付金の支給などの円滑化を目的として、マイナンバーと銀行口座の紐付けの義務化を虎視眈々と狙っている。この悪だくみは「財産税」「預金税」「死亡税」を課すための、財務省指令の準備である。どさくさに紛れてこの巨悪を断じて実現させてはならない。

何故ならば、財産権こそが自由主義の砦であり、自由主義の根本であるところの「財産権」に国家が介入し、国民の懐を監視する社会を実現させて課税を化す「中国化」「共産主義化」の政策は、日本の自殺であるからだ。国民はその恐ろしさにまだ気付いていないが、政府があなたの財産を中国政府の如く監視し、あなたの財産に手を出そうとしていることを知っておくべきである。

更に今一つ言っておかねばなるまい。3・11の東日本大震災後、政府は「復興税（復興特別法人税）」なる名目の税金を課し、２０１２年4月から２０１４年までの2年間（もとは２０１５年までの3年間であったものが1年前倒しで廃止となった）、日本すべての企業に3・11時の政府の失策の尻ぬぐいをさせた。そして、皆さんは自覚があるだろうか、現在も、納税する人すべてが復興特別所得税として、この増税分を支払い続けているのだ。

サラリーマンなどの給与所得者は、源泉所得税について復興特別所得税額も含めて徴収されているし、個人で確定申告をしている人は、所得税と合わせて復興特別所得税を納税しなければならない。それも、２０１３年から２０３７年までの24年間という長きにわたってだ。結局3・11禍の再建は全国民がしているのである。私は当時から会社経営をしていたので、復興特別法人税の馬鹿高い額に驚いたことを思い出す。

東日本大震災の復興税徴収システム

国民に10万円を配り、業績の落ち込んだ企業に２００万円を配り、自治体も企業を支えるためにわずかだが配り、そして家賃の3分の2を6カ月間保証する給付金を配り、あの国民が誰一人使わない不人気なアベノマスクを2回にわたって配り、９００億円の無駄遣いをした、その無知無能な大盤振る舞いのツケはすべて国民に「コロナ税」として返ってくる。既にその論議が政府で始まっている。国民は尻の毛までむしられることになろう。

日本政府の税制のちょうど逆の政策、つまり減税政策を力強く推し進めたのがトランプ大統領のトランポノミクスである。その政策が奏功し、米国に空前の好景気をもたらした。

日本の生き筋は、「増税」ではなく「減税」である。

真実

15 中国のGDPは真っ赤な「嘘」である

つじつまが合わない？ 中国の数字

中国当局発表の数値はすべて嘘とデタラメであることは世界中が知っている。知らないのは日本政府、日本メディアぐらいかもしれないが。

武漢では、40台の移動式焼却炉を投入し、ベルトコンベアで死体を24時間体制で焼却しても間に合わないほど死者を出したのに、中国の発表するコロナ感染者数は8万5000人で死亡者数死は8000人、しかも4月以降、ほとんど増えていないのだとか。コロナ関連の発表に限らず中国政府の発表は、トランプ大統領だけではなく世界中の誰しもが疑っている。

当局の発表数値で最も疑わしい発表は中国政府のGDPである。中国全土に、台湾程度の収入の人が14億人いるとすれば、とても経済力は敵わないだろうが、中国全体の生活レベルはとても低く、電気も水道もトイレもない非文明的生活をしている人々が何億人もいるのが現実である。湾岸部・都市部と内陸部の経済格差は如何ともし難いレベルであることは、世界中が知っている周知の事実だ。

それなのに中国当局の発表によると、中国の２０１９年度のＧＤＰは14兆４０００億ドル（日本円で約１５８６兆円）、日本の3倍弱となっており、これはありえない数字だと私はかねがね思っている。ただ、こういう政府による公式発表の数値を外国から覆すことは、なかなか難しい。ゆえに中国政府が発表する数値がそのまま国際的公式数字となり、中国の経済力が本当の実力以上に大きな数字となり、評価を受けてしまっている。

その数字が一人歩きし、「中国14億人の巨大市場」「近未来では米国の経済力をも上回る世界第2位の経済大国」などともてはやされ、中国への過大評価が世界各国の投資を促したという経緯がある。私は「中国発表の数値は国家戦略であり、経済実態を反映していない。中国という国家を巨大に見せるカモフラージュした数字にしか過ぎない。実際の中国のGDPは大幅に違い、当局発表数値は真っ赤な嘘である」と言い続けてきた。

李克強首相が実態を暴露

ところが、ところが。その数値を覆し、本当の数字を暴露する中国政府要人がいた。李克強首相である。

2020年5月28日、中国の李克強首相は、全国人民代表大会の記者会見で、「昨年（2019年）、中国人の平均年収は3万元（45万円）だった」と公表した。一方で、「中国は月収1000元（1万5000円）の人が6億人もおり、中規模都市で家を借りることすら出来ない」とも明かしたのである。

これは革命的な発言、いや「失言」である。本当は「失言」ではないのだが、あえて「失言」とここでは記しておく。真相は後ほど述べる。この発言に対して、日本や世界の反応が鈍いことが、私は不思議で仕様がない。本当はこの発表は、天地がひっくり返るほどの「発言」であったのだから。しかも、これを発表したのは中国の首相であり、経済政策を担当している李克強首相なのだから、もう誰もこの発表を否定し、覆すことなど出来ない。

国際的に見て相対的貧困層に属する人民が6億人も存在する中国は、コロナウイルスの蔓延により、外国同様に消費が落ち込み、経済は崩壊状態にある。それでなくとも、米中関税戦争に完敗し、中国生産ラインは壊滅していたので、今の中国経済の実態は虫の息である。李克強首相が発表した数値は、中国政府が隠ぺいしてきた中国経済の実態を暴露したものであり、大洪水、コロナ禍、蝗害により、今現在はこの数字以上に悪化していて、大変な苦境に立たされている。

中国人民銀行は、30の省、直轄の自治区の資産負債状況を公表し、次のようにコメントしている。「中国の家庭の半数以上が破綻の危機に瀕している」と。実際に生活苦により、親子心中、投身自殺などが相次いでいるという。中国の半数は生活が成り立たないところまで追い込められているのである。レストランもショッピングモールも閑古鳥が鳴いており、商いが成り立っていない。

総人口の40％以上が月1万5０００円の所得ということは、年収18万円でしかなく、その数字はインドネシアの国民平均所得27万円、ベトナムの30万円、カンボジアの26万円と大差ない。ミャンマーの国民平均所得は12・8万円、ラオスは9万円だが、それよりは上という程度にしか過ぎない。それが世界第2位の経済大国の姿だというのだ。だから、そこには大きな「嘘」が隠されているということでもある。

GDP三面等価の原則

中国の国民総所得を計算してみよう。

国民総所得＝年平均所得45万円×14億人＝630兆円。そう、なんと「630兆円」なのである。

「それが何か？　中国人全体の総合所得に過ぎないのではないか」と言わないでもらいたい。この数字が何と中国のGDPそのものなのだから。

「GDP三面等価の原則」という経済原則がある。三面とは、「所得」と「支出」と「生産」を指し、その3つの数字は等価である、つまり、必ず「所得」＝「支出」＝「生産」になる。しかもこれは統計的には決して例外が生じない。

　ＧＤＰとは国内総生産の意味である。昔は国民総生産のＧＮＰを指標として使っていた時代があったが、国民の生産活動は海外でも行われているため、正確に国家としての総生産の実態を反映していないということで、ＧＤＰに指標がとって変わられて久しい。

「生産」の合計が国内総生産、つまりＧＤＰであり、それは、「所得」も「支出」もイコールになる。だから統計数字で一般的によく使われるＧＤＰとは、国内の総生産の合計数字であり、国内の総支出の合計数字であり、同時に国内の総所得の合計でもあるというわけなのである（ここでは名目ＧＤＰと実質ＧＤＰを区別することなく大枠でのＧＤＰの理解で進めることとする）。この3つの数字は必ず、確実に同額になる。これをもって「ＧＤＰ三面等価の原則」と言う。

　更にかみ砕いて解説すると、「誰かの支出（消費）は誰かの所得であり、誰かの所得は誰かの支出であり、同時に、誰かの生産である」ということ。だから「ＧＤＰが低い国家は、支出が少ない国家であり、支出が少ないから国民の所得が低い」。逆に、「所得が低いから支出も出来ない」とも言える。そして「支出も所得も低いと国内生産も限られるので、ＧＤＰは低迷する」のだ。

この原則は、どの国にも１００％当てはまる。日本もそうだ。日本政府は、国民の給与所得が上がらないのに消費増税を繰り返すため、各家庭が自由に消費出来る可処分所得は減少し、消費支出が減少する。支出が減るから給与を上げることも出来ない。かくてＧＤＰは25年も停滞した。マクロではこういう結果が出ることとなる。

この基礎知識を背景にすると、中国の真実のＧＤＰが簡単に浮かび上がってくる。国民総所得＝国内総生産（ＧＤＰ）なので、中国の国内総生産（ＧＤＰ）は、６３０兆円しかないということになる。

国民の年間平均所得を知れば、その数値をもとに国家のＧＤＰを簡単に計算することが出来るということなのだ。国民の平均所得に国民の総人口を掛けた数字が、そのままＧＤＰとなるのだから。

国民総所得＝国内総生産になるかどうかは、我が国の数字に当てはめて計算してみれば得心がいくことだろう。国税庁の民間給与実態統計調査によると、直近の日本人の平均年収は441万円となっている。これに対し、直近の日本の人口は、1億2345万8000人。441万円×1億2345万8000人＝544兆4448億円となる。前年度の日本のGDPは約560兆円だ。どこから統計数字を引っ張ってくるかによって若干の誤差はあるものの、国民の総所得は国内総生産になっていることが分かるだろう。

ところが中国政府発表数値は、前述したように、2019年度のGDPが14兆4000億ドル（1586兆円）。日本の3倍近い数字になっているのである。李克強首相が発表した実際の数値である630兆円とは、無茶苦茶な乖離がある。つまり大嘘をついているのだ。

同じ政府が一方では、GDPを1586兆円と発表し、一方では630兆円と発表しているわけだ。こういうのを日本語でも中国語でも「矛盾」と言う。ま、矛盾だらけというのが共産主義国家であろう。

李克強と習近平の確執

中国人民の平均所得を開示することによって、間接的に「我が国のGDPは630兆円です」と発言したのは、利害関係があり、敵対する外国政府ではなく、他でもない中国経済を仕切るトップの李克強首相である。

まさかあの秀才の誉れ高き李克強首相が、「GDP三面等価の原則」という経済原則を知らないはずもなく、中国人の平均月収を発表したら、中国の真実の国内総生産、つまり真実のGDPを暴露することになることなど分かっていたはずだ。

ということは、李克強首相が意図的にトップシークレットを暴露した可能性が高い。それは、毛沢東同様に経済音痴な習近平と李克強首相の間で、経済政策を巡って党内対立が起きており、権力闘争に発展していることを示している。両者の確執は各種報道によれば既成の事実となっている。

中国政府は、数字操作による嘘のGDPを発表し、世界中を欺いてきた。よって真実の

ＧＤＰの数字は、中国政府最大の重要国家機密と言っても過言ではない。その数字を外部に漏らすということは最大の犯罪であり、国家反逆罪になりかねない。

それを李克強は堂々とやってのけた。この後何が起きるか、それは予想するに難くない。この先には、失脚や粛清があるかもしれない。世界中はまだこの発表を小さな出来事と思っているかもしれないが、中国の内部分裂による崩壊の序曲が始まったと私は見ている。

一方、経済音痴の習近平は、「ＧＤＰ三面等価の原則」など知るよしもなく、その時は「ぼーっと」李克強の発表を受け止めたのだと思うが、今は、中国経済の実力がバレてしまう反逆行為と気が付き、顔が青くなっていることだろう。

日本と中国のＧＤＰに大差はない

いずれにしても中国の化けの皮は剥がされた。中国のＧＤＰが６３０兆円程度ならば、世界は中国にひれ伏さない。平均年間所得わずか45万円程度の貧乏国民が14億人いようが、それは世界一の巨大市場とは言えまい。支出する力はたかが知れている。今後、巨大市場の中国は幻想になっていくことだろう。

日本の前年度ＧＤＰは約５６０兆円なので、中国が６３０兆円のＧＤＰならば70兆円しか変わらないことになる。どこがダブルスコア、トリプルスコアなのか。日本と中国の経済規模は、年々離される一方であると分析するのはどこの誰なのか！

６３０兆円のＧＤＰというのは、李克強の発表に基づく計算であるのだが、その発表数値自体も下駄を履かされている可能性もあるし、今年に入って疫病、蝗害、大洪水、経済後退に見舞われている現地点の中国は壊滅的打撃を受け、想像を上回る景気後退が起きているだろう。よって瞬間風速で言えば、日本と中国の経済規模は同等程度ではなかろうか。いや、それ以下かもしれない。

日本国民の平均所得は４４１万円、中国国民は45万円、中国人の平均所得は日本人のそれの約10分の１しかない。人口は１億２０００万人と14億人であり、比較すると、中国の人口は日本の11・６倍だ。つまり中国は平均所得が10分の１であっても、人口が10倍以上あるので、日本のＧＤＰを若干上回る程度にしか過ぎない発展途上国、そう認識していれば間違いない。そして今、経済の大崩壊が始まっているので、国民の平均所得の45万円は更に下がる。つまり、日本が舵取りを間違わなければ経済規模は世界2位に返り咲く。

ただし国民は貧乏だが、世界覇権を握るために、儲けた金を迷わず軍事費に投資してきたので大きな軍事力はある。あるが、にわか成金の軍事力は米国とは比較にもならないレベルでしかない。米中激突するならば、そして通常の兵器戦争であるならば、勝負にならないことだろう。

国内の保守言論人は嘘を見抜いていた

中国は毎年、6.8％成長とか、今年は6.3％成長とか、出来レースの数字発表をしているが、保守系の専門家の面々は、「実際の経済成長率は1～2％未満、いやマイナス成長ではあるまいか」と述べていた。ここにきて、それは正しい予測であったことを示した。

私も2015年12月1日に配信した、第1557回男塾「中国発表のGDPの嘘と中国からの大脱走」という論考で、既に次のように述べていた。

「【中国の7%成長の嘘】中国の輸入量は、ここ10年の平均は11%増加していたにもかかわらず、2015年1~9月にかけて、何と4%も減少している。それだけではない。国内の貨物運搬量も減少している。ついでに、消費電力量までもが減少している。中国の統計数字は、オウムのあの大嘘つきだった上祐広報部長並みのホラ数字であり、まったく信用ならないというのが国際社会の定説であるが、さすがに輸入量や輸出量は相手国がいるので嘘の数字を出しにくく、信用出来るものなのだ。

中国政府は傲岸不遜にもGDP比率で年率7%とか8%の成長と平気で公式発表し続けているが、実質的には2~3%という見方をまともな評論家や経済ジャーナリストはしているし、それが定説だ。中国が発表する数字をまともに信じる人は誰もいない。

中国経済は7%を下回ったらマイナス成長と言われているので、中国の繁栄というのは虚構の上にあるということである。確かに日本に観光に訪れ、爆買いする元気がある『万元戸』の人たちはいるものの、農村部では年収10万円程度の極貧の生活を余儀なくされている人民が何億人もいる国であり、とても世界第2位の国と威張れる経済になっていない。

言わずもがな、4%も輸入が落ち込んでおいて、7%の経済成長が出来るわけがない。国内の貨物量が減少しておいて、経済活動の要である電力使用料が落ち込んでいて、7%もの経済成長が達成出来るはずがない。こういう経済原理に反することをマジックか、もしくは嘘と言う。経済数値にマジックはないので嘘であるということだ。

中国という国は、中間財を大量に輸入して、それを組み立てて加工して輸出して稼いでいる国であるのに、肝心の輸入量が減って経済成長することはない。つまり、輸入量の統計数字は四半期分残しているものの、今期に限っては2〜3%の成長もないことは明白だ。もしあるとすれば、国内の一般消費が飛躍的に伸びることにより、輸出の減速をカバー出来ることだろうが、それなら貨物量が増えなければならない。しかし貨物量までも減少している」。

このように、2015年当時も今も、もっと前から中国の公表する数字に真実はない。5000万人を超える自国民が大洪水で困窮を極めているのにもかかわらず、情報のディスクローズを一切しない非常な国家である。

この国の発表する経済指標、コロナ報道関連数値、自然災害の被害報道、蝗害の報道などなど全部デタラメ、もしくは隠ぺいしているだけである。そして、それを真に受けて日本国内で真面目に報道するメディアは馬鹿を通り越している。日本では報道を真に受ければ受けるほど現実離れするようになっている。メディアも政府も、今や中国政府の傀儡と言えよう。国民には「知る権利」がある。

※この内容は、２０２０年8月18日にYouTubeにアップ済みなので、どうぞ肉声でお聞き下さい。https://youtu.be/I6BjyxDa_1k

あとがき

一冊の書物に投入するエネルギー量は莫大なものがあることを作家の端くれとして感じる。司馬遼太郎氏はあるテーマとする本を書き著わすのに、神田の古本屋1軒分に相当する膨大な冊数の本を買い込み読破したと聞くが、私は到底そこまでいかないものの、一つの真実を究明するのに途方もない時間を費やしてきた者の一人である。

一冊の書物にこの世の真実を全て封じ込めることは不可能なことだし、私は真実の探求者としてまだとてもゴールに到達した者ではない。今、知り得た真実以上のことを述べ伝えることは出来ない。お釈迦様の掌を飛行する孫悟空のような者でしかなく、永遠の真実を体得することは今世の生を賭けて探求したところで、ほんの一握りの真実を知り得る程度にしかなるまい。真実の探求者は情熱的かつひたむきでありながらも謙虚さを失ってはいけないと自戒している。

本書は企画段階では300ページ程度の内容であったが、伝えたい真実が多数あり、私のわがままを出版社に伝え400ページ程度の本に増やしてもらった。しかしその時点で選び出した真実の論考を総計したら580ページもあり、そこから約200ページカットしなければならなかった。カットされた中には、「ビジネス戦略の真実・『成長の原理』」全120ページがあったし、「健康の真実」のテーマも3分の1にカットせざるを得なかった。歴史編も同じくカットしたが、削除した中には日本人にどうしても知らせたかった「真実」が山のようにあった。

コロナ禍の中、全国中の経営者、店主は苦しみもがいている。今の苦境をどうやって脱出し、会社や店を存続させるか、商売繁盛を実現するか、苦境に陥ってしまっている経営者に対して、特にビジネス戦略のヒントを与えたかったのだが、ページ数の制約があるため断腸の思いで削除した。

本書発刊後に続編を期待する声が全国から多数寄せられたら、『誰も教えてくれなかった世の中の真実』の第2弾、第3弾……と、続編を刊行出来るかもしれない。さすればまた伝えたい真実を届けることが出来よう。
還暦を越した私は、今後はお返しの人生と決め、人々の幸福実現と日本復活のために生きる覚悟である。残された時間を、日本を創り指導してこられ、今も慈悲の心で天から見守られる日本の神々の一神兵として、日本復活の仕事が出来ればこれに勝る喜びはない。今まで以上に男塾にて「真実」を書き、肉声にて「真実」を伝えることが私の使命と悟っている。全国どこでも呼ばれれば、コロナ禍であっても迷わず講演に出向く所存である。まだ出会うことのない愛すべき多くの大和の民と親交を結ぶことが楽しみで仕方がない。最後にザメディアジョン専務の田中朋博氏及び、本書の編集者として私を支えて頂いた山本絢子氏に謝意を申し上げる。

男塾塾長　桜大志

主な参考文献

『世界ウイルス戦争の真実』日高義樹（徳間書店）

『欧米には寝たきり老人はいない』宮本顕二・宮本礼子（中央公論新社）

『大往生したけりゃ医療とかかわるな』中村仁一（幻冬舎新書）

『「放射能は怖い」のウソ』服部禎男（かざひの文庫）

『原発安全宣言』渡部昇一・中村仁信（遊タイム出版）

『新・死者の書』丹波哲郎（KADOKAWA）

『かいまみた死後の世界』レイモンド・ムーディ（評論社）

『死の扉の彼方』モーリス・ローリングス（第三文明社）

『いまわのきわに見る死の世界』ケネス・リング（講談社）

『大東亜戦争の正体 それはアメリカの侵略戦争だった』清水馨八郎（祥伝社）

『悪の民主主義―民主主義原論』小室直樹（青春出版社）

『自虐史観の病理』藤岡信勝（文藝春秋）

『世界にもし日本がなかったら』池間哲郎（扶桑社）

『驚くほど似ている日本人とユダヤ人』エリ・コーヘン（中経の文庫）

『神社めぐりをしていたらエルサレムに立っていた』鶴田真由（幻冬舎）

『大和民族はユダヤ人だった―イスラエルの失われた十部族』ヨセフ・アイデルバーグ（たま出版）

『元イスラエル大使が語る神国日本』エリ・コーヘン（ハート出版）

『JAPAN CLASS』JAPAN CLASS 編集部（東邦出版）

『「10% 消費税」が日本経済を破壊する』藤井聡（晶文社）

Wikipedia「日ユ同祖論」

著者紹介

桜　大志（さくら・たいし）

1959年生まれ。株式会社日本一の代表取締役であり、「男塾」「効果絶大！！健康塾」「経営塾」を主宰する塾長。「情報を制する者が未来を制す!」をコンセプトに、政治、経済、国際外交、財務、軍事、自然災害、医学、健康、歴史、霊界をはじめ、経営、ビジネス、自己啓発、成功哲学など幅広いテーマで全国各地での講演活動や、男塾会員向け限定セミナーを行う。その他、全国で経営コンサルタントとしても活躍し、独自の経営哲学は多くの人に支持されている。また実業家として、アース全国総代理店本部を立上げ、アース健康商品サプライチェーン店を展開し急成長させる。2019年には各種啓蒙活動によって全国に勇気を届けてきた実績が認められ、東久邇宮国際文化褒章を授与される。著書に『男塾』、共著に『社長の失敗Ⅲ』(共にザメディアジョン)などがある。

日本の常識はウソだらけ！
誰も教えてくれなかった世の中の真実15

2020年11月2日　初版発行

著　者　桜《さくら》　大志《たいし》
発行人　山近義幸

発行所　株式会社ザメディアジョン
〒733-0011 広島県広島市西区横川町2-5-15
TEL 082-503-5035　　FAX 082-503-5036
http://www.mediasion.co.jp
装丁・デザイン　前崎妙子、村田洋子（ザメディアジョンプレス）
D　T　P　岡田尚文
写真協力　写真素材・動画素材のアフロ、iStock by Getty Images、amanaimages、熊野本宮大社、日本機関紙出版センター

印刷・製本　シナノパブリッシングプレス

ISBN978-4-86250-688-7